Terminologie

und

Begriffsbildung

im

Gesetzentwurf über den Versicherungs-Vertrag.

Von

Dr. jur. **Ludwig Bendix** (Berlin).

Berlin 1904.

J. Guttentag, Verlagsbuchhandlung,

G. m. b. H.

Inhaltsangabe.

Einleitung.

Die Gesetzgebung hat eine doppelte Aufgabe, einmal die materielle: der Wirklichkeit des Wirtschaftslebens entsprechende, den Willen und die Interessen der Parteien voll berücksichtigende rechtliche Vorschriften aufzustellen; dann aber: diese Vorschriften in einer eindeutigen Fassung so zu geben, daß gleichsam in ihren Adern jenes Leben pulsieren, mit ihrem Mechanismus die vom Gesetz verfolgten Zwecke und gewährten Ansprüche auch ihre Verwirklichung in der Rechtsprechung finden können. Über den Lösungsversuch, welchen der Entwurf bezüglich der ersten Aufgabe gemacht hat, haben sich die Interessenten, insbesondere die Versicherungsgesellschaftsverbände, sowie kürzlich der Kongreß des Vereins für die gesamte Versicherungswissenschaft, und viele namhafte Schriftsteller eingehend und hoffentlich fruchttragend geäußert; über den Lösungsversuch der praktisch schließlich gleichwichtigen zweiten Aufgabe verbreitet sich die folgende Untersuchung, die von ihren bisher von keiner Seite vertretenen Gesichtspunkten aus manches schon Gesagte streifen und, wo es nicht zu umgehen ist, auch wiederholen mag.

Der Entwurf eines Gesetzes über den Versicherungsvertrag bewegt sich zum Teil in den Spuren, die das BGB. gewiesen, zum Teil aber vermeidet er die juristische Begriffsbildung und versteckt seine juristische Überzeugung hinter begrifflich schwer erfaßbaren und dem Versicherungsbetrieb und der Versicherungstechnik entnommenen Ausdrücken. Damit wird der Wissen- und Rechtsprechung ein weites Feld eröffnet. Es ist fraglich, ob es nicht zweckmäßiger gewesen wäre, beiden durch scharf gefaßte juristische Begriffe eine feste Grundlage zu geben. Vom Standpunkte gesetzgeberischer Technik und rechtspolitischer Erwägung muß eine solche Aufgabe als erforderlich bezeichnet werden. Auf Grund derselben wird nicht gefordert, daß man die angewandten juristisch-technischen Ausdrücke selbst in bestimmten Definitionen festlegt, wohl aber, daß sie wirklich als Begriffe fungieren, d. h. stets in eindeutigem Sinne gelten. Die Rechtswissenschaft beschäftigt sich mit der logischen und systematischen Verarbeitung der durch die Rechtsordnung geschaffenen Rechtsinstitute, sowie der rechtlichen Verpflichtungen und Berechtigungen der Menschen in ihrem Verkehr untereinander, die Gesetzgebung mit Umänderung von geltenden und Schöpfung neuer Rechtsvorschriften. Für den Rechtsverkehr ist ein Begriff unbrauchbar, der nicht von allen Motivationen des Wirtschaftslebens und deren wirtschaftstechnischen Lösungen und Lösungsmöglichkeiten absieht, der nicht einzig das, was rechtlich erheblich ist, also nur die von jenen losgelöste, allein durch ihn zu erfassende rechtliche Verbindlichkeit oder Berechtigung zum Ausdruck bringt.

Die nationalökonomische Begriffsbildung kann sich aus naheliegenden Gründen an die üblichen Ausdrücke des Wirtschaftslebens anschließen und hat sie inhaltlich genau zu bestimmen und abzugrenzen; die juristische, insbesondere die privatrechtliche, Begriffsbildung muß vor allem dann, wenn sie vor neuen Aufgaben steht, die im Verkehr auf Grundlage unkodifizierten Rechts gebräuchlichen unjuristischen Ausdrücke auf ihre im Rechtsverkehr erforderliche praktische Verwendbarkeit und was damit zusammenfällt, auf ihre juristische Eindeutigkeit hin prüfen. Der tägliche Verkehr und gewöhnliche Sprachgebrauch unterscheidet nicht und denkt in einem Worte die heterogensten Dinge zusammen, Wirtschaftliches und Rechtliches. Das Gesetz darf keinen Zweifel lassen, daß seine Grundbegriffe rechtliche sind. Deshalb muß es dort, wo die anzuwendenden Grundbegriffe übereinstimmen mit Begriffen aus anderen Gebieten, einen das rechtliche Moment hervorhebenden Zusatz machen, der alle Zweifel hebt. Diese gesetzestechnische Forderung ist auch vom

BGB. durchgeführt. Im besonderen Teil der Schuldverhältnisse tragen die einzelnen Vertragsarten regelmäßig den Zusatz „Vertrag", entweder in der Titelüberschrift oder aber in der vorangestellten Begriffsbestimmung, wenn sich dieser Zusatz nicht dadurch erübrigt, daß der angewendete Begriff nur und einzig eine juristische Bedeutung hat, und diese auch vollständig klargestellt ist.

Der Entwurf eines Gesetzes über den Versicherungsvertrag weicht merkwürdigerweise von dieser Technik ab. Der Begriff „Versicherung" existiert für sich allein überhaupt nicht, man muß notwendig, um mit ihm einen Sinn zu verbinden, noch ein besonderes Merkmal hinzudenken. Dieses Merkmal kann in folgenden Anhängseln hinzugedacht werden: Wesen, Art, Zweck, Gewerbe, Geschäft, Rechtsgeschäft, Betrieb, Unternehmung oder Unternehmen, Vertrags- oder Rechtsverhältnis, Fall, Pflicht, Zwang, Bedingungen, Summe, Schaden, Interesse, Gefahr und schließlich auch Vertrag. Aber die Begriffsschwierigkeiten steigern sich noch, wenn man bedenkt, daß es zweifelhaft werden kann, welche Silbe dem Worte Versicherung oder einer seiner genannten Zusammensetzungen vorzudenken ist, ob dem Worte Versicherung schlechtweg Binnen oder See, Schaden oder Leben, oder Unfall oder Transport, Feuer, Hagel, Vieh, Haftpflicht oder einige dieser Silben oder alle vorzusetzen sind. Nun wird es ja wohl möglich sein, einige dieser Zusammensetzungen als nicht vorliegend aus den Rechtsvorschriften auszuschalten. Aber in jedem einzelnen Falle dürfte zu prüfen sein, welche Zusammensetzung oder welche Zusammensetzungen bei dem Worte Versicherung gemeint sind.

Diese technischen Schwierigkeiten und Unebenheiten würden nicht so schwer ins Gewicht fallen, wenn sie nicht mit theoretischen Gedanken im Zusammenhang ständen, welche praktische Konsequenzen von großer Tragweite haben, und wenn nicht, falls der Entwurf Gesetz würde, die Gefahr bestünde, daß die künftige Rechtsprechung vergeblich sich abbemühen dürfte, der allgemeinen Fassung des Gesetzes einen eindeutigen, auf den einzelnen Fall anwendbaren Sinn zu geben.

Wird daran festgehalten, daß das Wort Versicherung allein einen wirtschaftlichen Vorgang bedeutet, so hat dieser zur Grundlage einen Vertrag, enthält aber noch außerdem einen

Inbegriff von Tatbeständen technischer und ökonomischer Art, welche die Erkenntnis der rechtlichen Elemente erschweren. Vom Standpunkte des wirtschaftlichen Vorganges aus betrachtet, verfolgen die vertragschließenden Teile bei der Versicherung gesonderte Zwecke, entgegengesetzte Interessen, die bisher im freien Verkehr durch bestimmte Rechtssätze ihre Regelung gefunden, durch das Gesetz aber nun zugunsten des wirtschaftlich schwächeren Versicherten ihre Ordnung erfahren sollen. Es ist also nicht aus dem Auge zu verlieren, daß es Verpflichtungen und Berechtigungen nur auf Grundlage und bezüglich eines bestimmten Versicherungsvertrags gibt, daß aber bei einer Versicherung nur von Tendenzen, Interessen, technischen und wirtschaftlichen Einrichtungen gesprochen werden kann. Der Versicherungsvertrag allein ist ein juristischer Begriff und zwar derjenige, welcher die Einigung der Vertragsparteien über den Komplex von wirtschaftlichen Tatsachen beschreibt, welchen wir Versicherung nennen, und der die sich aus ihren Willenserklärungen ergebenden Haftungen ausspricht. Dieser Begriff besitzt gedankliche Wirklichkeit, und nur seine einzelnen Merkmale werden bei dem wirtschaftlichen Vorgang der Versicherung von den Parteien übereinstimmend gewollt. Die Anknüpfung von Rechtsfolgen an bestimmte Tatbestände geschieht, wie bemerkt, zwecks Regelung der Interessen durch die Rechtsordnung, die Zusammenfassung der Merkmale zwecks systematischer Einteilung und logischer Ein- und Übersicht durch die Rechtswissenschaft.

Der Gesetzentwurf verfolgt lediglich praktische Zwecke. Es ist verständlich und berechtigt, daß er theoretischen Streitfragen wie nach der Natur des Versicherungsvertrages und der einzelnen Versicherungsvertragsarten aus dem Wege geht, wenn er ohne Stellungnahme hierzu seine Aufgaben lösen kann. Aber gefährlich ist ein solcher Weg immer. Es lassen sich nun einmal keine klaren und unzweideutigen Vorschriften zur Regelung eines Rechtsinstitutes aufstellen ohne deutliche und eindeutige Vorstellungen von dem Wesen desselben. Sind letztere vorhanden, werden aber im Gesetz nicht unmittelbar ausgesprochen, so bedingt das — wenn nicht eine geschraubte Ausdrucksweise — so doch eine hier und da zu allgemeine und unbestimmte Formulierung, eine merkwürdig mittelbare, umschreibende Ar‘

der Fassung, welche sich vergeblich abmüht, die Grundansicht zu verbergen. Wird nun gar letzteres mit einigem Erfolge erreicht, so stehen wir vor dem Ergebnisse, daß die Verfasser schließlich ohne Hinblick auf ihre eigenen letzten Ideen oder gar im Widerspruch mit ihnen unter dem Gesichtspunkte praktischer Brauchbarkeit Vorschriften aufstellen, welche des für ein brauchbares Gesetz erforderlichen einheitlichen logischen Zusammenhanges entbehren.

I. Teil.

Der Versicherungsbegriff im Entwurf.

I. Versicherungsvertrag.

Interessant und für den Standpunkt des Gesetzentwurfes charakteristisch ist es, daß in ihm der Begriff des Versicherungsvertrags nur in den §§ 4, 10, 14, 34 Abs. 2, 36, 41, Ziff. 1, 42, 72, 75, 76, 95 Abs. 2, also im ganzen 11 mal vorkommt und auch hier durchaus nicht eindeutig zu verstehen ist. Zunächst gilt der Begriff Versicherungsvertrag als Oberbegriff für alle einzelnen Versicherungsvertragsarten, wie es ja auch gemäß der Aufschrift der Standpunkt des Gesetzentwurfes ist. Dieser Standpunkt wird in den §§ 72, 75, 76, 95 Abs. 2 nicht innegehalten. In § 72 wird unter Versicherungsvertrag der Sach-Versicherungsvertrag, also der Haftpflicht-Versicherungsvertrag nicht, in den §§ 75, 76 der Überschrift des Abschnittes und Titels gemäß der Schadensversicherungsvertrag mit seinen einzelnen Arten, in § 95 Abs. 2 nur der Feuer-Versicherungsvertrag verstanden. Sodann gebraucht der Entwurf den Begriff Versicherungsvertrag nur in bestimmten Wendungen, so weit seine Schließung (§§ 14, 41 Abs. 2, 42), seine Nichtigkeit (§§ 34, Abs. 2, 36, 95 Abs. 2), die Ansprüche oder Rechte aus ihm (§§ 10, 75, 76), die Urkunde über ihn (§ 4), eine von gesetzlicher Bestimmung abweichende des Vertrags (§ 72) im besonderen Falle geregelt wird. Etwas allgemeines über die Natur des Versicherungsvertrages ergibt sich aus diesen besonderen Anwendungen des Begriffs, für sich betrachtet, nicht oder doch nur negativ, daß der Entwurf den Ausdruck geflissentlich vermeidet, und es im Grunde nicht verständlich ist, warum er gerade an den genannten Stellen sich einfindet. Dies tritt deutlicher hervor, wenn man sich die anderen Begriffe ansieht, die ihm den Rang streitig machen. —

II. Versicherungsgeschäft und -zweig.

Zunächst ist da der Ausdruck Versicherungsgeschäft und zwar nur in der Verbindung des mit der Vermittlung von Versicherungsgeschäften betrauten Versicherungsagenten — §§ 41, 43. —

Die Betrauung mit der Vermittlung von Versicherungsgeschäften umfaßt auch das innere persönliche Verhältnis der einzelnen Agenten zu dem Versicherer. Hierüber enthält der Entwurf keine Vorschriften. Hier gilt das Prinzip der Vertragsfreiheit leider nach wie vor, aber vergeblich fragt man sich nach dem Unterschied zwischen der Vermittlung von Versicherungsgeschäften und der von Versicherungsverträgen. Bedeutet Versicherungsgeschäft soviel wie Versicherungsrechtsgeschäft oder Versicherungsvertragsgeschäft oder reinökonomisch eben Geschäft des Versicherns? Gibt es Versicherungsverträge zu vermitteln, die keine Versicherungsgeschäfte, oder Versicherungsgeschäfte zu vermitteln, die keine Versicherungsverträge sind? Man sagt also besser statt Versicherungsgeschäft Versicherungsvertrag. Dann ist es auch möglich, den unjuristischen Ausdruck Versicherungszweig in § 41 fortzulassen. Auch würde es wohl statt Versicherungszweig in der Überschrift zum ersten Abschnitt besser heißen Versicherungsvertragsarten. Der Versicherungsvertrag hat sich weiter, wie alle anderen Zusammensetzungen mit dem Worte Versicherung, gegen das Stammwort zu behaupten, was ihm so wenig wie den anderen Zusammensetzungen gelingt.

III. Versicherung.

Der Ausdruck „Versicherung“ ohne jede Zusammensetzung findet sich in den §§ 2, 3, 26 Abs. 1, 29 Abs. 2, 31, 33, 47 Abs. 2, 48, 49, 64, 74, 84, 112, 122—128, 140, 141, 149—151,

159, 160, 165, 166, 170, 181. Zum Teil hat es den Anschein, als wenn er mit Versicherungsvertrag synonym gebraucht würde, also durchaus in einem rechtlichen Sinne, zum Teil aber als wenn diese Bedeutung ganz zurückträte, und als wenn deutlich — wenn auch nicht verständlich — zwischen Vertrag, dem rechtlichen, und Versicherung, dem ökonomischen Begriffe unterschieden würde; und schließlich, als wenn beide Bedeutungen ungeschieden bei Anwendung des Wortes „Versicherung" zusammen gedacht würden, mit einem Vorwiegen des Rechtlichen über dem Ökonomischen oder auch des ökonomischen Sinnes über den rechtlichen.

Man sollte meinen, daß überall, wo von dem Beginn oder dem Ende der Versicherung, dem Abschluß oder der Versicherungsnahme und der Umwandlung oder Kündigung der Versicherung die Rede ist (§§ 2, 3, 29 Abs. 2, 31, 33, 47 Abs. 2, 64, 74, 128, 141, 149, 150, 151, 159, 160, 165, 166, 170, 181), das Wort Versicherung als juristischer Begriff also als Versicherungsvertrag gelten soll, zumal wenn es in der Verbindung mit einem juristischen Begriff wie Abschluß und Kündigung gebraucht wird. Vergleichen wir die angezogenen Stellen, so lassen sich die verschieden festgestellten Bedeutungen des Wortes Versicherung nur schwer auseinanderhalten.

Um den Standpunkt des Entwurfes ganz zu verstehen, müssen wir uns vergegenwärtigen, in welchen sprachlichen und gedanklichen Wendungen das Wort „Versicherung" gebraucht wird und ziehen zu diesem Zweck zugleich auch die Verbindungen mit den einzelnen Arten, soweit angängig, heran. Unter diesem Gesichtspunkte lassen sich zwei Anwendungsgebiete unterscheiden, die ihrer Natur entsprechend auch in verschiedenen Metaphern ihren Ausdruck gefunden haben. Die eine Gruppe bezieht sich auf die Entstehung und den Bestand der Versicherung, die andere auf den Gegenstand.

I. 1. Was die Entstehung und den Bestand der Versicherung angeht, so lassen sich naturgemäß zwei Stadien unterscheiden: Beginn und Ende, und der Inbegriff von Verhältnissen, welche zwischen beiden liegen. Bezüglich der Umgrenzung der Dauer der Versicherung heißt es im Entwurf, daß die Versicherung beginnt und endigt an einem bestimmten Zeitpunkt (§ 3 siehe auch § 2), gerechnet nach dem Tage des Vertragsabschlusses.

Wann aber der Vertrag als geschlossen zu gelten hat, wird nirgends gesagt.

Besondere Bestimmungen über den Beginn und das Ende, wie auch die Dauer der Versicherung finden sich in dem Titel Transportversicherung. Die Versicherung von Gütern erstreckt sich auf die ganze Dauer der versicherten (!) Reise (§ 124 Abs. 1). Diese Art der Versicherung beginnt und endigt zu einem anderen Zeitpunkt (§ 124 Abs. 2), als die Versicherung eines Schiffes beginnt und endigt (§ 128). Der Beginn einer Versicherung „beginnt" erst, wenn jemand eine Versicherung genommen — §§ 2 Abs. 1, 64, 74, 79, 84, 112, 113, 115 Abs. 2, 141 (150, 151, in mehr passivischer Wendung) 160, 167 (170 gilt als genommen) oder abgeschlossen hat — § 47 Abs. 2.

„Eine Versicherung nehmen oder abschließen" soll und kann juristisch nur heißen, einen Versicherungsvertrag abschließen. Wo schlechtweg im Entwurf von Versicherung nehmen oder — ein einziges Mal — abschließen die Rede ist, hat der Ausdruck Versicherung die gleiche Bedeutung wie Versicherungsvertrag, ähnlich wie Kauf oder Kaufvertrag, Miete und Mietvertrag, Leihe und Leihvertrag, nur mit dem nicht unwichtigen Unterschiede, daß bei Kauf, Miete, Leihe jedermann das vertragliche und rechtliche Element notwendig hinzudenkt, während bei Versicherung vorwiegend an ihre ökonomische Seite, die sogenannte Gefahr, das sogenannte Interesse und die Deckung durch das erwartete Kapital, vielleicht auch noch an die Prämienzahlung gedacht wird. Freilich verwirren diese beiden Ausdrücke, die dasselbe meinen, im höchsten Maße dann, wenn sie zusammentreffen, und man sich zunächst fragt und fragen muß, ob die verschiedenen, teilweise ganz allgemeinen Wendungen nicht etwa Verschiedenes besagen sollen. Übersetzt man sich dann Versicherungsnahme und Versicherungsabschluß in das Juristische, d. h. setzt man überall für Versicherung den Ausdruck Versicherungsvertrag, so zeigt sich, daß die verschiedenen Wendungen für dasselbe nur gewählt sind, um einer Entscheidung über theoretische Grundfragen aus dem Wege zu gehen, und daß diese Art der Entscheidung die Klarheit der getroffenen Bestimmungen nicht erhöht. Umgekehrt müßte man doch eine Antwort finden auf die Frage, wenn unsere Identifikation von Versicherungsnahme und -abschluß mit Versicherungsvertragsschluß nicht zutrifft, welchen besonderen Sinn kann der erstere Ausdruck neben dem letzteren noch haben?

2. Man sollte meinen, daß der Gesetzentwurf in scharfer Terminologie konsequent verfahre und den Ausdruck „Versicherung“ in immer derselben Weise anwende, mag er auch nicht definiert werden. In gewissem Sinne, wie wir nachher sehen werden, trifft diese Erwartung zu. Wo aber der Entwurf von dem Beginn der Versicherung (§§ 2, 31 siehe auch 33, §§ 64, 127, 128 Abs. 3, 130 Abs. 1) oder ihrer Beendigung (siehe §§ 128 Abs. 3) oder ihrer Umwandlung (§§ 165 ff.) spricht, da wendet er den Begriff entweder ganz (§§ 165 ff.) oder vorwiegend in ökonomischem Sinne an.

Diese doppelte Bedeutung des Wortes „Versicherung“ hat zur praktischen Wirkung oder ist eine solche davon, dass bezüglich der Entstehung der Versicherung zwei Zeitpunkte unterschieden werden: Einer, in welchem die Versicherung genommen, der Vertrag abgeschlossen wird, und ein anderer, in welchem die Versicherung eben beginnen soll. Der Beginn des ökonomischen Prozesses des Versichertseins kann vor und nach dem Zeitpunkte liegen, in welchem der Vertrag abgeschlossen wird. Der letztere kann bestimmen, von wann an das Versichertsein gelten soll. Für die Versicherung im rechtlichen Sinne, also für den Versicherungsvertrag gibt es aber nur einen Zeitpunkt des Beginnes. Gegenstand des Vertrages können versicherungsrechtliche Verpflichtungen und Berechtigungen sein, die an den Eintritt früherer Ereignisse anknüpfen. Sollen die versicherungsrechtlichen Beziehungen in einem bestimmten späteren Zeitpunkte beginnen als der Zeitpunkt des angeblichen Vertragsschlusses, so handelt es sich um einen durch den Eintritt des späteren Zeitpunktes befristeten Versicherungsvertrag.

Denn an einen Vorvertrag, der die Schließung eines Versicherungsvertrages an einem bestimmten Zeitpunkte zum Gegenstande hätte, denkt keine der Parteien. Die Versicherung beginnt, kann juristisch nur heißen, der Versicherungsvertrag ist zustande gekommen und entfaltet seine Wirksamkeit in geschäftlichen und rechtlichen Beziehungen zwischen Versicherer und Versichertem. Diese rechtlichen Beziehungen, die gegenseitigen Verpflichtungen und Berechtigungen, beginnen alle erst nach Schließung des Vertrages, sie können freilich auf einem früheren Zeitpunkt zurückbezogen oder auf einen späteren hinausgeschoben werden. Denn der Inbegriff der rechtlichen Beziehungen macht den Vertrag aus, und der Vertrag kann nicht vor oder nach seiner Schließung beginnen. Der Vertrag beginnt, heißt doch nur: Die durch ihn begründeten Rechte und Pflichten werden wirksam. Dies kann nun so geschehen, daß die Wirksamkeit von dem Eintritt von Ereignissen, welche vor dem Vertragsschlusse liegen, oder von solchen, die erst später eintreten, gerechnet werden soll, daß also der frühere oder der spätere Zeitpunkt den sog. Risikoanfang und den entsprechenden Rechnungsausgangspunkt angeben.

Wird also gesagt, die Versicherung beginnt nach oder vor Schließung des Vertrages, so hat das die ökonomische Bedeutung, daß das Risiko des Versicherers und die Höhe der Prämienzahlungen von früheren oder späteren Ereignissen an gerechnet werden soll, sagt aber und kann nichts aussagen über die Entstehung und Wirksamkeit der vertraglichen Verpflichtungen der Parteien. So weit aber letzteres mitgedacht werden soll, steht es im Widerspruch zu der Zeitbestimmung und der rechtlichen Bedeutung des Vertragsschlusses. Entweder fällt Vertragsschluss und Vertragsbeginn zusammen, dann kann es im rechtlichen Sinne keinen davon verschiedenen Vertragsbeginn geben, oder sie fallen auseinander, dann müßte man einen Vertrag konstruieren, der den Beginn und die Wirkungen eines Versicherungsvertrages zum Gegenstand hat.

Man fragt sich, was kann es für einen besonderen Sinn haben, daß der Beginn der Versicherung mit dem Abschluß des Vertrages nicht zusammenfällt, entweder vor demselben oder nach demselben eintreten soll, wenn nicht den, daß sich der Vertrag auch auf Ereignisse erstreckt, die vor seinem Abschluß eingetreten sein können oder sich nur auf Ereignisse erstrecken soll, die bestimmte Zeit nach seinem Abschlusse eintreten würden. Hält man § 3 mit § 28 zusammen, so ergibt sich aus der merkwürdigen Trennung von Versicherungsnahme und Vertragsabschluß auch eine höchst sonderbare praktische Konsequenz: Die Verpflichtung zur Prämienzahlung beginnt mit dem Abschluß des Vertrages, also sagen wir morgens 9 Uhr, der Beginn der Versicherung 12 Uhr mittags desselben Tages. Stirbt der Versicherte oder geht seine Sache zugrunde zwischen

9 und 12 Uhr, so hätte er die Prämie zu bezahlen, ohne daß der Lauf der Versicherung begonnen hätte, ohne also den Anspruch auf die Versicherungssumme erworben zu haben.

Der Versicherungsvertrag ist kein Vertrag über die wirtschaftlichen Vorgänge, welche sich im Versicherungsbetrieb, zwecks Regelung einer einzelnen Versicherung abspielen; Gegenstand des Vertrages sind allein die Rechte und Pflichten der Parteien, welche anläßlich jener Vorgänge gewollt werden. Es findet sich, soweit ich sehe, kein Beispiel dafür, daß der rechtliche Inhalt eines Vertrages die Art der tatsächlichen, wirtschaftlichen oder sozialen Erfüllung seiner Verbindlichkeiten vorschreibe. Verträge berechtigen und verpflichten, die gewährten Rechte und die auferlegten Pflichten dienen zur Verwirklichung ökonomischer oder sozialer Zwecke mittels zusammenwirkender Tätigkeit der Menschen. Aber weder die Zwecke noch die Tätigkeit sind rechtlicher Gegenstand des Vertrages und können es auch nicht sein, weil derselbe Vertrag die Form für die verschiedensten und entgegengesetzten Zwecke und Tätigkeiten abgibt. Der Werkvertrag trifft Bestimmung, daß der Unternehmer das Werk herstelle; wie er das macht, ist seine Sache, ähnlich so ist es bei der Miete, beim Auftrage und anderen Verträgen. Bei dem Versicherungsvertrag wird die Tätigkeit des Versicherers zur Erreichung des Vertragszweckes mit Recht verwaltungsrechtlichen Vorschriften unterworfen. Man sollte meinen, daß dem Vertragsrecht damit diese Tätigkeit als solche entzogen wäre, und der Entwurf bei rein privatrechtlicher Behandlung des Vertrages nur Bestimmungen über die gegenseitigen Befugnisse und Verpflichtungen träfe, mögen auch die zu ihrer Erfüllung erforderlichen Tätigkeiten der Staatsaufsicht unterliegen. Im allgemeinen trifft dies zu. Jedoch führt auch hier wieder die Anwendung des Ausdrucks „Versicherung“ in seiner volkstümlichen, verschiedenerlei umfassenden Bedeutung zu Zweifeln.

In den §§ 164ff. ist von der Umwandlung der Versicherung in eine prämienfreie Versicherung die Rede. Setzt man Versicherung mit Versicherungsvertrag gleich, so ist die Sache klar. Man kann freilich über die Terminologie streiten, wenn man auf Grund von Abs. 2 von § 165 der Ansicht ist, daß es sich nicht um eine Umwandlung des Vertrages, sondern um Aufgabe des alten und die Begründung eines neuen Vertrages handelt. Und es wäre zu erwägen, ob man nicht eine Formulierung wählt, welche die streitige Konstruktion nicht einzwängt. Nun ist aber die Gleichsetzung von Versicherung und Versicherungsvertrag im Sinne des Entwurfes nicht zutreffend. Die Hauptbedeutung von Versicherung ist eine ökonomische. Und dann bedeutet Umwandlung der Versicherung in eine prämienfreie Versicherung Risikolast des Versicherers ohne Prämienzahlung des Versicherten. Wandelt sich nun mit der Kündigung (§§ 166 und 33) die Versicherung von selbst in eine prämienfreie Versicherung um, oder auch gemäß § 165, so sind die wirtschaftlichen Rechnungs- und Buchungsvorgänge innerhalb des Geschäftsbetriebes des Versicherers in den privatrechtlichen „Umwandlungen" mitgedacht. Ein Anspruch auf die Vornahme der wirtschaftlichen Operation der Umwandlung sollte aber dem Versicherten nicht eingeräumt werden, weil ihm damit zugleich folgeweise Aufsichtsbefugnisse mit dem Rechte auf Büchereinsicht und Rechnungslegung gegeben wären.

3. Ähnliche Erwägungen gelten in all den Fällen, wo zur Vermeidung einer Entscheidung über die theoretischen Schwierigkeiten kurz gesagt wird: „Bei der Versicherung" oder auch bei der Schadens-, Lebens- usw. Versicherung §§ 1, 80, 88, 90, 96, 98, 100, 103, 109, 135, 136, 138, 155, 156, 157, 158, 159, 167, (169 Satz 2). In allen Fällen ist der Komplex von wirtschaftlichen Tatsachen, welche die ökonomische Erscheinung Versicherung ausmachen, mitgedacht, im Gegensatz zur Technik des B.G.B.s, wo regelmäßig „Vertrag" hinzugefügt wird. Es hat den Anschein, als wenn der Entwurf Unterschiede zwischen Vertrag und Versicherung macht und zwar derart, daß ersterer die letztere zum Gegenstand hat, gleichsam als eine Ware oder eher noch, als wenn bei den wirtschaftlichen Vorgängen der Versicherung rechtliche Beziehungen in die Erscheinung treten, welche in fester, auch gedanklich unlösbarer Verbindung mit den ersteren neben ihnen ein abhängiges Schattendasein besitzen. Es gibt kaum eine unbestimmtere Wendung als in den angegebenen Fällen „bei der Versicherung" usw. Heißt dies bei Gelegenheit der Versicherung oder in der Versicherung, oder wenn eine solche vorliegt, und warum heißt es nicht nach

dem Vorbilde des B.G.B.s durch den Versicherungsvertrag? Warum wird ein klarer Ausdruck über die Begründung des Vertrages vermieden?

II. 1. Das Übergewicht des ökonomischen Begriffsinhaltes der „Versicherung" zeigt sich auch in den Wendungen, durch welche ihre Gegenstände umschrieben werden sollen. Die Versicherung bezieht sich auf Personen, Sachen oder Gegenstände, (§§ 26 Abs. 1, 48), umfaßt entgehenden Gewinn, erstreckt sich auf, fällt nicht zur Last, unter sie fällt (§§ 49, 84 Abs. 2, 89, 111, 122, 123, 125, 127, 140, 141, 169), wird genommen für künftige Unternehmen oder Interessen, für einen Inbegriff von Sachen, für einen Bestand von Tieren oder für mehrere Tiere, gegen den Schaden (§§ 64, 74, 79, 84, 112, 113, 115 Abs. 2, 141, 148, 150, 151, 170), oder es wird einfach der Gegenstand als genitivus objectivus hinzugefügt mit oder ohne Nennung der Gefahr, welcher er ausgesetzt ist, gegen die er versichert ist. (§§ 86, 88, 121, 122, 123, 124, 125, 128, 170 Abs. 1 und 2).

2. Alle angeführten Ausdrücke sind in ihrer bildlichen Fassung entweder juristisch unbestimmt, also unjuristisch, oder gar juristisch unrichtig. Der theoretisch verbindlichere und juristisch naheliegende Terminus, daß alles, worauf sich die Versicherung bezieht, oder erstreckt, was sie umfaßt, wofür oder wogegen sie genommen ist, Gegenstand des Versicherungsvertrages ist, daß über alles dies der Versicherungsvertrag abgeschlossen oder nicht abgeschlossen ist, wird vermieden. Die Folge ist, daß an die Beschreibung bestimmter versicherungsgewerblicher Tatsachen — man weiß nicht recht, auf Grund welcher Rechtsverhältnisse — Rechtsfolgen geknüpft werden, und umgekehrt Rechtsverhältnisse begründet werden, welche versicherungsgewerbliche Tatsachen in Bewegung setzen, ohne daß erkennbar wird, ob diese aus den Rechtsverhältnissen entspringen, oder letztere auf den ersteren beruhen. Dies hängt mit der merkwürdig zwiegespaltenen Terminologie zusammen, welche zwischen Versicherung und Versicherungsvertrag unterscheidet und die Versicherung als einen Inbegriff von ökonomischen Tatsachen dem Vertrage gegenüberstellt, der diesen Inbegriff zum Gegenstand hat, und nicht bloß zu schwerfälligen Wiederholungen, sondern auch zu Unrichtigkeiten geführt hat.

3. Nehmen wir z. B. § 80. Es heißt dort nicht einfach:

Ein dem Versicherer gemachter Antrag auf Schließung, Verlängerung oder Änderung des Feuer-Versicherungsvertrages erlischt, wenn usw., sondern bei dem Feuerversicherer erlischt ein . . . des Vertrags, wenn usw. „Bei der Feuerversicherung" steht etwas einsam und verlassen am Anfang und sehnt sich nach seiner juristischen Grundlage am Ende. Aber das Wasser ist viel zu tief. Zunächst einmal haben wir die versicherungsgewerbliche Tatsache der Feuerversicherung. Wir lassen alle Nebenbedeutungen des Wortes, wie . . . . Geschäft, Unternehmung, Zweig, Gewerbe usw. für einen Augenblick außer acht. Bei der Feuerversicherung soll etwas erlöschen. Das können aber nur Motive des Versicherten, das sogenannte Risiko des Versicherers, vielleicht auch dessen ganzes Geschäft und sein Betrieb sein. Nein! Es ist ein dem Versicherer gemachter Antrag, der erlischt. Aber bei der Feuerversicherung gibt es überhaupt keine Anträge, die Feuerversicherung liegt ja jenseits des — und zwar angenommenen — Antrages, also des abgeschlossenen Vertrages. Wir suchen also weiter und finden schließlich, daß der Antrag auf Schließung, Verlängerung oder Änderung des Vertrags erlischt, und da dies auch noch für sich nicht ganz verständlich ist, müssen wir ergänzend hinzufügen: Feuer-Versicherungsvertrag und kommen schließlich zu dem Ergebnis, daß im Anfang der Versicherungsvertrag war und die ihn betreffenden Rechtsbeziehungen und Tatbestände, welche die versicherungsgewerblichen Tatsachen und Begriffe erst zur Entstehung bringen. Vergleiche ganz analog §§ 1, 88, 90, 103, 109, 121, 138, 149, 169.

4. Betrachten wir den § 74 etwas näher. Zunächst fällt hier der schon gerügte Mangel auf, daß die Versicherung, welche auf einem Vertrage beruhen soll, vor dem Vertrage genannt wird, welcher sie begründet. Dann aber tritt hierbei ganz deutlich die Zerreißung von Versicherung und Vertrag zutage. Derjenige, welcher den Vertrag mit dem Versicherer schließt, kann die Versicherung für einen anderen mit oder ohne Benennung der Person des Versicherten nehmen, als wenn der geschlossene Vertrag und die im eigenen Namen für einen anderen genommene Versicherung zwei grundverschiedene — man muß doch wohl annehmen rechtlich erhebliche Dinge wären! Als wenn durch den Vertrag ein Rechtsverhältnis

zwischen dem Versicherungsnehmer und dem Versicherer begründet würde, das wieder das von ihm unterschiedene Wirtschaftsverhältnis der Versicherung des Versicherten begründete und diese Begründung zum Gegenstande habe. Wie aber dieses Wirtschaftsverhältnis zu einem Rechtsverhältnis zwischen Versicherten und Versicherer wird, und daß die Begründung des letzteren Inhalt des Rechtsverhältnisses zwischen Versicherungsnehmer und Versicherer ist, läßt sich aus dem „für den anderen" in Verbindung mit dem Vorangeschickten „die Versicherung" nicht entnehmen.

Was hier auseinandergesetzt werden soll, wird nicht etwa durch Hinweis auf § 75 Abs. 1 Satz 1 widerlegt, sondern bestätigt. Denn hier gilt das Gesagte gleichfalls. Auch hier hat es den Anschein, als wenn die Versicherung für fremde Rechnung und der Versicherungsvertrag zwei verschiedene Dinge wären. Wird daran festgehalten, daß der Versicherungsvertrag für fremde Rechnung zu regeln ist, so liegt die Möglichkeit seines Abschlusses durch den Versicherungsnehmer in dem gesetzlich statuierten Rechtserwerb des Versicherten. Dieser muß vorausgestellt werden oder beides sollte doch analog dem § 328 BGB. zusammengefaßt werden, also etwa: Der Versicherungsvertrag kann von dem Versicherungsnehmer im eigenen Namen für den Versicherten mit der Wirkung abgeschlossen werden, daß dieser unmittelbar die Rechte aus dem Vertrage erwirbt.

III. Suchen wir weiter nach dem im Gesetzentwurf verborgenen stillschweigend vorausgesetzten Sinn des Begriffs Versicherung, so stoßen wir noch auf einige Ausdrücke, die uns vielleicht bestätigend oder ergänzend Aufschluß geben über die geäußerten Zweifel. Der Entwurf kennt noch die Verbindung Versicherungssumme, Versicherungswert, Versicherungsschein, Versicherungsperiode, Versicherungszeit, Versicherungsbestimmungen, Versicherungsverhältnis, Versicherungsfall, Versicherungsagent, Versicherungsnehmer und Versicherter; auch spricht er von versicherter Sache, versichertem Interesse, versicherter Reise und Ähnlichem.

IV. Versicherungsverhältnis.

1. a) Für die vertraglichen Beziehungen der Parteien haben wir, wenn wir absehen von dem nur vereinzelt vorkommendem Versicherungsgeschäft und Versicherungszweig, bisher zwei Hauptausdrücke kennen gelernt: Versicherung und Versicherungsvertrag. Es fragt sich jetzt, in welchem begrifflichen Verhältnis zu den beiden letztgenannten Bezeichnungen das ziemlich häufig vorkommende Wort: Versicherungverhältnis steht. Auch hier müssen wir zunächst einmal zur Orientierung und Erleichterung der Nachprüfung unserer Ausführungen die Stellen voranstellen, an welchen das Wort im Entwurf sich findet, und zugleich gruppiert nach den Wendungen, in welchen es gebraucht wird. Am meisten wird das Wort angewendet in Verbindung mit Kündigung, daß eine der Vertragsparteien befugt sein soll, unter Einhaltung einer Kündigungsfrist von bestimmter, bei den einzelnen Versicherungsvertragsarten verschieden bemessener Zeit das Versicherungsverhältnis zu kündigen. So in den §§ 12, 20, 23, 26 Abs. 2, 31 Abs. 2, 33 Abs. 1 Satz 3, 35 Abs. 1 Satz 3, 63 Abs. 1 und 3, 65, 68 Satz 1, 70 Abs. 2, 71, 95 Abs. 3, 98 Satz 2, 107, 113, 132 Satz 1 von Abs. 1, 133, 154, 166 Abs. 1, Art. 3 des Entwurfs eines Einführungsgesetzes.

Bezüglich der „Beendigung des Versicherungsverhältnisses“ (§§ 34 Abs. 3, 71, 110) heißt es weiter (zum Teil an den gleichen schon zitierten Stellen): „das Versicherungsverhältnis erlöscht“ (§ 12), und „das Versicherungsverhältnis endigt“ (§ 11, 34 Abs. 3, 54 Abs. 3, 95 Abs. 2 und 3, 120, 167 Abs. 2) und es wird „durch Rücktritt oder Kündigung aufgehoben“ (§§ 34 Abs. 1, 167 Abs. 1) und „Kündigung, Rücktritt oder eine sonstige Tatsache, welche die Beendigung des Versicherungsverhältnisses zur Folge hat“ (§ 95 Abs. 1).

Bezüglich des Beginnes der Versicherung, um in der Terminologie des Entwurfes zu reden, spricht der § 54 Abs. 3 von einem „in solcher Absicht eingegangenen“, und der § 65 von einem für eine bestimmte Zeit eingegangenen Versicherungsverhältnis, der § 179 Satz 1 und 2 von solchen, die bei bestimmten Kasseninnungen oder Berufsgenossenschaften „begründet werden", der § 181 Abs. 1 von solchen, die unmittelbar kraft Gesetzes „entstehen".

Über den Bestand heißt es, daß das Versicherungsverhältnis „fortbesteht" (§ 63 Abs. 1) oder stillschweigend als verlängert gelten soll (§§ 65, 129), oder daß und wann es besteht (Art. 3 und 4 Abs. 1 und 2 des Einführungsgesetzentwurfs).

Weiter wird von den sich aus dem Versicherungsverhältnis ergebenden Rechten und Pflichten (§§ 66 Abs. 1, 108), den durch es begründeten (§ 67 Abs. 2), oder auf ihm beruhenden (§ 77) Forderungen, schließlich auch von Kündigungs- und Rücktrittserklärungen oder sonstigen das Versicherungsverhältnis betreffenden Erklärungen (§ 41 Abs. 1 Ziff. 2) gesprochen.

b) Vergleichen wir die angezogenen Stellen, so ergibt sich zunächst in Übereinstimmung mit früherem, daß auch bei Anwendung des Ausdrucks Versicherungsverhältnis zwischen dem vertraglichen und wirtschaftlichen Sinn des Wortes Versicherung nicht scharf unterschieden wird. Freilich hat es bei oberflächlicher Betrachtung den Anschein, als wenn unter Versicherungsverhältnis der Inbegriff der rechtlichen Beziehungen gemeint wäre, welche durch den Abschluß des Versicherungsvertrages begründet werden. Insbesondere, wenn von Kündigung und Rücktritt die Rede ist, kann das Wort nur diesen Sinn haben, denn das Rechtsgeschäft der Kündigung oder des Rücktritts kann sich logisch nur auf Rechtsverhältnisse beziehen und deren Fortbestand betreffen. Die Endigung der in den Rechtsverhältnissen begründeten, tatsächlichen und wirtschaftlichen Beziehungen tritt regelmäßig als Wirkung der Aufhebung der ersteren auf, wird also durch die Kündigung nur mittelbar berührt.

2. a) Von der Aufhebung von Versicherungsverhältnissen kraft Rechtsgeschäftes unterscheidet der Entwurf die Beendigung kraft gesetzlich normierter Voraussetzungen. Er spricht in letzterem Falle davon, daß es (meist sofort, Ausnahme § 95, Abs. 2) endigt oder erlischt, wenn bestimmte „Tatsachen" eintreten. Aber beides, so verschiedenartig es ist, wird nicht streng durchgeführt. Die Beendigung gilt als der allgemeinere, alle Arten der gesetzlichen oder rechtsgeschäftlichen Auflösung des Versicherungsverhältnisses umfassende Ausdruck. Dies erhellt deutlich aus § 95 Abs. 1 und seiner merkwürdigen Gleich-

stellung von Kündigung, Rücktritt und *sonstigen* Tatsachen. Weiter erhellt aus dieser Stelle, daß die andere Bedeutung des Versicherungsverhältnisses als des Inbegriffes der wirtschaftlichen Beziehungen zwischen Versicherer und Versichertem vom Entwurf mitgemeint wird, denn wird Rücktritt und Kündigung mit „sonstigen“ *Tatsachen* — gemeint sind wohl die gesetzlichen Beendigungsgründe — gleichgestellt, so können sie als Tatsachen nur auf andere Tatsachen Wirkungen — nicht Folgen — ausüben und können in der Tat in diesem kausalen Sinne als Ursachen — nicht als Gründe — der ökonomischen und rechtlichen Beendigung eines Versicherungsverhältnisses gelten. Soweit der Entwurf, nach der vorangeschickten Gleichstellung die Beendigung des Versicherungsverhältnisses „zur Folge macht“, ist dies logisch unrichtig; soweit es aber richtig ist, ist wieder die vorangeschickte Gleichstellung nicht haltbar. Denn wohl können wir Folgerungen, das Gesetz kann Folgen an bestimmte Tatsachen knüpfen. Kündigung und Rücktritt dürfen nicht mit Kündigungs- und Rücktritts*erklärung* verwechselt werden. Die letzteren sind Tatsachen und können als solche sonstigen Tatsachen gleichgestellt werden. Die ersteren sind Rechtsgeschäfte welche sich als solche der juristischen *Beurteilung* aus bestimmten Tatsachen erst *ergeben*. Sie gehören als Rechtsgeschäfte mindestens zu einer anderen Gruppe von rechtserheblichen Tatsachen als die „sonstigen Tatsachen“, wenn man sie in ihrer begrifflichen Bedeutung als Rechtsgeschäfte nicht überhaupt den Tatsachen gegenüberstellen will, was mir richtig erscheint. Die Rechtsfolgen kraft Rechtsgeschäftes sind anderer Art als die an „sonstige“, das ist doch nicht rechtsgeschäftliche Tatsachen unmittelbar kraft Gesetzes geknüpften Rechtsfolgen. — Mithin lassen sich Kündigung und Rücktritt als rechtsgeschäftliche Beendigungsgründe den Tatsachen, die gesetzlich das Versicherungsverhältnis beendigen, nicht gleichstellen. Es müßte also etwa heißen: so wirkt eine Kündigung, ein Rücktritt *oder eine Tatsache, an welche das Gesetz die Beendigung des Versicherungsverhältnisses als Folge knüpft*, oder: . . . eine Kündigungs-, eine Rücktrittserklärung (besser: die Erklärung der Kündigung des Rücktritts) oder eine sonstige Tatsache, an welche usw. Vielleicht würde schon genügen, wenn „sonstige“ vor Tatsachen weggelassen würde.

Gehen wir darüber hinweg, daß ein beendigtes Versicherungsverhältnis noch in irgend einer Beziehung als weiter wirkend, also als nicht beendigt gilt, so ist schwer verständlich, wie nicht bloß Kündigung und Rücktritt und alle Tatsachen, welche die Beendigung zur Folge haben, sondern auch diese trotz ihrer Verschiedenheit untereinander, bezüglich ihrer Unwirksamkeit dem Hypothekengläubiger gegenüber gleichgestellt werden. Auch hier tritt wieder eine merkwürdig indirekte, negative Art in der Formulierung der Rechssätze hervor. Anstatt die Verpflichtungen welche mit diesen Paragraphen dem Versicherer auferlegt werden sollen (siehe Motive zu §§ 95, 96) ausdrücklich festzulegen, etwa so: Der Versicherer ist verpflichtet, die Hypothekengläubiger, welche ihre Hypotheken ihm angemeldet haben, unverzüglich von einer Kündigung, einem Rücktritt vom Gebäudeversicherungsvertrag oder von anderen Auflösungsgründen dieses Vertrages zu benachrichtigen, anderenfalls usw., statt dessen wird diese Verpflichtung ihm stillschweigend dadurch auferlegt, daß der Entwurf bestimmt, was an üblichen günstigen Rechtswirkungen nicht eintritt, wenn er sie nicht erfüllt. Bei dieser Art der Regelung ist es offenbar unbillig, wenn der Versicherer nach Kündigung oder Rücktritt seitens des Versicherten den Hypothekengläubiger benachrichtigt und trotzdem dem letzteren länger haften soll, wie dem kündigenden oder rücktretenden Versicherten. Hat der Versicherer am heutigen Tage die Erklärung — man nehme gar an, entsprechend § 70 Abs. 2 — erhalten, und wohnt der glückliche Hypothengläubiger in Australien oder in der Nähe des Süd- oder Nordpols, so haftet der Versicherer dem letzteren die 3 oder 6 Wochen, bis die sofort abgesandte Mitteilung ihn erreicht, länger; aber auch wenn die Mitteilung nur einen Tag braucht bis sie den Hypothekengläubiger erreicht, — ist die längere Haftung für diesen Tag vor der Gerechtigkeit schwer zu begründen.

b) Was nun die sonstigen Tatsachen anbelangt, welche die Beendigung des Versicherungsverhältnisses zur Folge hat, so kann man das im engsten Wortsinne so interpretieren, daß überall da, und nur da, wo der Entwurf von der Beendigung des Versicherungsverhältnisses spricht, eine solche Tatsache vorliegt, oder aber mehr im Einklang mit Abs. 2 von § 95, im weitesten Sinne so, daß alle Arten der Auflösung des Vertrages, also auch die Fälle der Nichtigkeit des Versicherungsvertrages oder des Endes der Versicherung und andere mehr darunter fallen. Freilich drängt sich hier das Bedenken auf, daß man bei der Nichtigkeit des Vertrages auf Grund von Gesetz oder Anfechtungserklärung, streng genommen, nicht von Beendigung des Versicherungsverhältnisses reden kann, da es ja in diesem Falle gar keinen Anfang gehabt hat, und nur da eine Beendigung vorliegen kann, wo ein Anfang und Wirkungen zu verzeichnen sind. Dieses Bedenken würde voraussichtlich zu Kontroversen und Unsicherheit in der Rechtsprechung führen, wenn der Entwurf Gesetz würde. Sehen wir von ihm ab, so werden wir wieder vor die anfangs aufgeworfene Frage geführt: sind Versicherungsverhältnisse, Versicherungsvertrag und Versicherung synonyme Ausdrücke, lassen sie sich abgrenzen, und schließlich ist die Anwendung des Ausdruckes „Versicherungsverhältnis" zu rechtfertigen?

3. Bezüglich des letzten Punktes läßt sich eines schon sagen, wenn wir zusammenfassend die vorausgeschickten Bemerkungen und die ihnen zugrunde liegenden Stellen überblicken: Nehmen wir Versicherungsverhältnis als den Inbegriff der rechtlichen Beziehungen oder als den der wirtschaftlichen oder gar als beides, juristisch genau genommen kann man nicht von einem Zurücktreten, einem Kündigen, einem Beendigen des Versicherungsverhältnisses sprechen, sondern nur des Versicherungsvertrages als des Inbegriffes und der Rechtsgrundlage des durch ihn begründeten Versicherungsverhältnisses. Denn logisch gehört zu dem letzteren auch das Kündigungs- und Rücktrittsrecht, wie die gesetzlichen Beendigungsgründe im engeren Sinne. Man kann keine Rechtswirkungen aus der Welt schaffen, wenn man nicht die rechtlichen Ursachen beseitigt. Und wenn man vom Versicherungsverhältnis zurückgetreten ist oder es gekündigt hat oder es auf andere Weise endigt, so würde immer noch die Frage zu überlegen sein, ist denn aber der zugrunde liegende Vertrag aufgelöst, wenn seine Rechtswirkungen aufhören sollen? Ruht seine Wirksamkeit bloß und kann sie wieder aufleben oder soll auch er endgültig aus der Welt geschafft sein? Nun wird unter Hinweis auf das Vorbild

des B.G.B. gesagt werden: Ebenso wie mit der Auflösung des Vertrages Versicherungsverhältnisse fortfallen, entfällt mit der Beendigung der Versicherungsverhältnisse der Vertrag. Würde unter Versicherungsverhältnis nur das Versicherungsvertragsverhältnis verstanden werden und verstanden werden können, so will ich den Einwand für sich gern zugeben, wenn mir auch scheint, daß es reinlicher gedacht ist, unmittelbar von der Beendigung des Versicherungsvertrages zu reden, da die Bedeutung des Wegfalles des Versicherungsverhältnisses einzig in der Beendigung des Vertrages liegt. Diese scheinbare petitio principii wird aber noch durch eine andere Erwägung gestützt: sind Versicherungsverhältnisse im Sinne von Versicherungsvertragsverhältnisse Rechtswirkungen des Versicherungsvertrages, so gleicht die Kündigung des Versicherungsverhältnisses dem Münchhausen, der sich am eigenem Schopfe aus dem Sumpfe zieht. Denn da auch das Kündigungs- und Rücktrittsrecht zu den Versicherungsverhältnissen gehört, die auf dem Versicherungsvertrage beruhen, so bedeutet die Kündigung des Verhältnisses oder der Rücktritt von ihm notwendig zugleich auch eine Kündigung des mit ihm gegebenen Kündigungsrechtes, einen Rücktritt vom Rücktrittsrecht, nicht aber, daß das durch den Vertrag begründete Recht, ihn selbst nach vorwärts oder rückwärts, mit oder ohne Frist aufzulösen, durch die Abgabe der entsprechenden Erklärung wirksam werde und also seinem Inhalte gemäß die Auflösung des Vertrages herbeiführe, womit alles entfällt, was auf ihm beruht, also auch die Versicherungsverhältnisse. Entsprechendes gilt für die Beendigungsgründe kraft Gesetzes.

4. a) Es ist schon früher bemerkt worden, wie angelegentlich der Entwurf den Ausdruck Versicherungsvertrag vermeidet, selbst wo der juristische Sprachgebrauch ihn so nahe legt. Statt dessen wird nicht bloß in vielen Fällen, wie wir sehen, ganz allgemein Versicherung gesetzt, sondern auch Versicherungsverhältnis in seiner dreifachen Bedeutung. Es mag noch hingehen, wenn von sonstigen das Versicherungsverhältnis betreffenden Erklärungen (§ 41 Ziff. 2) oder von dem Bestehen eines solchen (Art. 3), auch schließlich, wenn von dem Eingehen im Sinne von Abschließen (§ 54 Abs. 3, 65) oder von dem Fortbestehen (§ 63 Abs. 1) oder von dem Stillschweigendverlängertgelten

des Versicherungsverhältnisses (§§ 65, 129) gesprochen wird, freilich erscheint es uns schärfer, hier mit Ausnahme des § 41 Ziff. 2 überall Versicherungsvertrag statt Versicherungsverhältnis zu setzen. Immerhin ist es nicht mißverständlich und irrig. Zweifel aber entstehen schon, wenn der Entwurf von dem Eintritt in die sich aus dem Versicherungsverhältnisse ergebenden Rechte und Pflichten spricht §§ 66 Abs. 1 u. 108. Bei einem laxen Sprachgebrauch könnte man darunter diejenigen Rechte und Pflichten verstehen, welche bei dem Vorliegen jenes Versicherungsverhältnisses gegeben sind. Wird aber darunter, was näher liegt und anscheinend auch gemeint ist, verstanden, daß die Rechte und Pflichten nicht bloß in den Versicherungsverhältnissen enthalten sind, es ganz ausfüllen, sondern aus ihm folgen, sich entwickeln, in ihm ihren Rechtsgrund haben, so gibt diese Ausdrucksweise zu dem eben geäußerten logischen Bedenken bezüglich der Verwechslung von Versicherungsverhältnis mit Versicherungsvertrag Anlaß. Dasselbe gibt, wenn es im § 67 Abs. 2 heißt „in Ansehung der durch das Versicherungsverhältnis gegen ihn begründeten Forderungen, oder ähnlich § 179 oder im § 77 „als sie — die Forderung — auf dem Versicherungsverhältnisse beruht." Nicht das Versicherungsverhältnis ist die rechtliche Grundlage von Forderungen, von Rechten und Pflichten, sondern der Versicherungsvertrag. Auf ihm beruhen, durch ihn werden begründet, aus ihm allein ergeben sich Forderungen, Rechte und Pflichten und der Inbegriff all dieser: das Versicherungsverhältnis. Das letztere ist einzig eine Rechtsfolge oder ein Inbegriff von Rechtsfolgen und erschöpft sich hierin, vermag also in dieser Eigenschaft selbst keine Rechtsfolgen zu begründen oder zu stützen usw.

b) Die häufige Gleichsetzung von Versicherungsvertrag und Versicherungsverhältnis und der vielfache Gebrauch des letzteren Ausdruckes an Stelle des ersteren erscheint also als terminologisch nicht empfehlenswert. Da ferner Versicherungsvertrag, wie wir gesehen haben, häufig mit Versicherung in gleichem Sinne angewendet wird, so würde das Gesagte für die Gleichsetzung der Worte Versicherung und Versicherungsverhältnis gelten. Aber es hat den Anschein, als wenn beide im § 181 nicht in gleicher Anwendung gebraucht würden. Zunächst tritt hier ganz deutlich hervor, daß Versicherungsverhältnisse und Versicherungsverträge nicht überall im gleichen Sinne gelten, denn es gibt Versicherungsverhältnisse, die unmittelbar kraft Gesetzes entstehen (Abs. 1), also keine Verträge sind, und daher auch nicht den Versicherungsvertragsverhältnissen des Entwurfs gleichgestellt werden können. Aber gehören sie überhaupt in den Entwurf? Ziehen wir Abs. 2 von § 181 in Verbindung mit Art. 4 Abs. 2 a. a. O. heran, so muß die Frage anscheinend verneint werden.

Schon in Abs. 1 von § 181 werden Versicherung und Versicherungsverhältnis als zwei verschiedene Ausdrücke nebeneinandergestellt. Der Abs. 2 spricht nur von Versicherung und zwar „sonstigen", das sind bei richtiger Wortinterpretation diejenigen, welche bei einer solchen Anstalt nicht infolge gesetzlichen Zwanges genommen werden, und statuiert auch für diese einige Ausnahmebestimmungen, unterwirft sie aber im allgemeinen dem Gesetze, so weit eben nicht praktisch und in Wirklichkeit die Ausnahme die Regel enthält.[1] Oder ist das wiederholt als mißverständlich nachgewiesene Wörtchen: „sonstige" hier etwa auch auf die Versicherungsverhältnisse zu beziehen, welche bei einer solchen Anstalt kraft Gesetzes entstehen?

[1] Es wird mit Recht von vielen Seiten gefordert, daß das Gesetz selbst eine Aufzählung der Vorschriften gebe, welche die Vertragsfreiheit beschränken, weil sonst — zum Teil jetzt schon — Streit darüber entstehen würde, ob die §§ 6—11, 14—25, 30—35, 38, 40, 44, 53, 57, 65, 66—71, 80, 91, (113?), (133?), 162, 163, 164—167, 172, 174 Abs. 3, (181 Abs. 2?), (Art. 1—6 des Einführungsgesetzentwurfs?), zu ihnen gehören oder noch mehrere Paragraphen oder der eine oder der andere der hier aufgezählten nicht. Dies würde auch redaktionell den Vorzug leichterer Übersicht haben, da die einzelnen Vorschriften über die Beschränkung der Vertragsfreiheit sich zu einer einzigen zusammenziehen ließen. Freilich taucht dann das Bedenken auf, daß die Auslegung keine andere Vorschriften als die ausdrücklich im Gesetz als solche benannten, für zwingend gelten lassen will, trotzdem vielleicht hier und da die Natur des fraglichen Rechtsverhältnisses dies erheischt. Doch ist dieses Bedenken auch bei der jetzigen Regelung vorhanden, da man die fragliche Bestimmung sowohl dahin auslegen kann, daß nur die Vorschriften gemeint sind, die ausdrücklich eine Beschränkung der Vertragsfreiheit aussprechen, als auch dahin, daß die dazu gehören, welche nach der Natur des Rechtsverhältnisses entsprechend der besonderen Auffassung des Gesetzes eine Beschränkung enthalten. Wohin diese unbestimmte Ausdrucksweise praktisch führen würde, ist ganz unübersehbar.

Das scheint nach Abs. 2 des Art. 4 nicht der Fall zu sein; denn hier ist für Versicherungsverhältnisse eine besondere Bestimmung getroffen, und zwar sind sie von den Vorschriften des Abs. 1 Art. 4 ausgenommen, eine Ausnahmebestimmung, welche zum Teil den gleichen Inhalt hat, wie Abs. 2 von § 181. Würde die Versicherung unter die Versicherungsverhältnisse fallen, so würden die Versicherungen, welche bei einer nach Landesrecht errichteten öffentlichen Anstalt weder unmittelbar kraft Gesetzes entstanden noch infolge eines gesetzlichen Zwanges genommen worden sind, sowohl in Abs. 2 von § 181 von den Vorschriften über die Versicherungsvertragsagenten als auch in Art. 4 Abs. 2 von diesen, sowie in beiden Stellen von den die Vertragsfreiheit beschränkenden Bestimmungen des Art. 4 Abs. 1 ausgenommen sein, d. h. die bei diesen Anstalten in der angegebenen Weise zustande gekommenen Versicherungen würden 2mal geregelt sein. Die letzteren würden ja dann auch zu den Versicherungsverhältnissen des Abs. 2 von Art. 4 gehören, die zur Zeit des Inkrafttretens des Gesetzes über den Versicherungsvertrag bei einer nach Landesrecht errichteten öffentlichen Anstalt bestehen.

Diese widerspruchsvolle Terminologie erklärt sich daraus, daß in § 181 die Versicherung als ein dem Versicherungsverhältnis übergeordneter Begriff, und in Art. 4 Abs. 2 das letztere als ein der ersteren übergeordneter Begriff Anwendung gefunden hat. Was von beiden richtig ist, wer mag es entscheiden? Daß beides zugleich nicht richtig sein kann, wird wohl gesagt werden dürfen.

Der Ursprung des Fehlers liegt darin, daß Versicherungsverhältnis einmal in dem ökonomischen Sinne vom Verhältnis des Versichertseins (§ 181) und dann in dem mehr juristischen Sinne vom Versicherungs*vertrags*verhältnis fungiert, daß überhaupt die juristische Begriffsbildung geflissentlich vermieden wird.

Suchen wir den vieldeutigen, daher unjuristischen Ausdrücken des Entwurfs unter Hintansetzung juristischer Methode einen Sinn beizulegen, so ist es mit Hilfe der Motive dieser: Abs. 2 von § 181 bezieht sich auf alle „Versicherungen oder Versicherungsverhältnisse“ — beide Worte werden ungeschieden und ununterscheidbar inhaltlich gleich gesetzt —, welche in

Abs. I § 181 nicht geregelt sind. Abs. 2 von Art. 4 umfaßt seinem Wortlaut nach offenbar die drei Gruppen von Versicherungen oder Versicherungsverhältnisse des § 181 Abs. 1 und 2. Die Motive belehren uns aber, daß nur an Abs. 2 von § 181 gedacht sei, was im Gesetzestext wenigstens dahin hätte zum Ausdrucke gebracht werden müssen, daß auf § 181 Abs. 2 am Schlusse des Abs. 2 Art. 4 in Klammern hingewiesen wäre. Nach den Motiven — nicht nach dem oben zugrunde gelegten Gesetzestexte — gilt für die „sonstigen Versicherungen" des Abs. 2 von § 181 vor allem Vertragsfreiheit, im übrigen mit Ausnahme der §§ 41—44 das Gesetz. Die zur Zeit des Inkrafttretens des Gesetzes bestehenden Versicherungen also auch die des § 181 Abs. 2 werden durch Art. 4 Abs. 1 bestimmten, die Vertragsfreiheit beschränkenden Vorschriften unterworfen. Die Sonderstellung, welche den nach Inkrafttreten des Gesetzes abzuschließenden Versicherungen des Abs. 2 § 181 eingeräumt werden soll, wird nun durch Abs. 2 Art. 4 auch für die schon bestehenden Versicherungen gegenüber dem Abs. 1 Art. 4 gesichert. — Einfach ist diese Regelung gerade nicht. Sie führt zu folgender Konsequenz: Verabsäumt die Anstalt von der Vorschrift des Abs. 2 § 181 nach Inkrafttreten des Gesetzes Gebrauch zu machen, was sehr leicht möglich ist, da hier und da zweifelhaft ist, ob eine Bestimmung die Vertragsfreiheit beschränkt oder nicht, so würden für die nach Inkrafttreten des Gesetzes geschlossenen Versicherungsverträge sowohl die Bestimmungen des Gesetzes über die Versicherungsagenten als die die Vertragsfreiheit beschränkenden Geltung haben können, während diese Bestimmungen für die schon vorher bestehenden Versicherungsverträge gemäß Art. 4 Abs. 2 nicht gelten. Denn die Worte: „finden keine Anwendung" in Abs. 2 § 181, schaffen doch nur einen leeren Raum, der in Ermangelung von Parteiabreden durch die allgemeinen, für andere zwingenden Vorschriften des Gesetzes ausgefüllt wird. Oder bedeuten die Worte etwa so viel, wie: „finden überhaupt keine Anwendung", „gelten als nicht erlassen", so daß der ganze Komplex von Rechtssätzen, welcher sich um die Beschränkung der Vertragsfreiheit herumlagert, also auch die Vorschriften selbst, auf welche sich die Beschränkung bezieht, ebenso wie die Vorschriften der §§ 41—44 über die Versicherungsagenten für die sonstigen Versicherungen des Abs. 2 § 181 vollständig ausgeschaltet sind, also niemals praktisch werden können? Hat etwa der Abs. 2 § 181 zwingenden Charakter?

V. Versicherungsbestimmungen, Versicherungsschein.

1. Der Ausdruck Versicherungsbestimmungen in den §§ 93, 94 ist nicht mißverständlich, wenn darunter die Bestimmungen verstanden werden, welche dem Versicherungsvertrag als leges contractus hinzugefügt werden, also mit seiner rechtlichen Natur als solcher nichts zu tun haben.

2. a) Es ist freudig zu begrüßen, daß der Entwurf den guten Ausdruck Versicherungsschein statt Police einführt — siehe §§ 4, 5, 6, 28, 32, 41 Ziff. 3, 75 Abs. 2, Art. 41 — und den Verlängerungsschein an die Stelle des Prolongationsscheines setzt § 41 Ziff. 3. Freilich wird die rechtliche Natur des Versicherungsscheines verkannt. Der Versicherer ist verpflichtet, den von ihm auszufertigenden und aufzustellenden Versicherungsschein dem Versicherten auszuhändigen, um den letzteren — das ist wohl der Sinn — eine Beweisurkunde in die Hand zu geben. Die Ausstellung auf den Inhaber wird verboten. Nun kann der Versicherte statt der Rückgabe des Versicherungsscheines, falls dies bestimmt sein sollte, zur Befreiung des Versicherers das öffentliche beglaubigte Anerkenntnis abgeben, daß die Schuld erloschen sei, wenn er behauptet, zur Rückgabe außer stande zu sein. Was geschieht, wenn er dies fälschlich behauptet? Das würde anscheinend auch genügen. Behauptet er ehrlicherweise, er sei augenblicklich nicht imstande, so würde das nicht genügen, da er ja nicht außer stande ist. Wie aber wenn der Versicherte nicht mehr lebt? Und wie wenn er seine Rechte aus dem Versicherungsvertrag abgetreten hat?

Von der letzteren Ausnahme — denn der Entwurf scheint doch anzunehmen, daß die Rückgabebestimmung die Regel ist — gibt es wieder zwei Unterausnahmen, welche zur Regel zurückkehren: Die Zulassung der Kraftloserklärung des Versicherungsscheines durch das Gesetz und die Erforderlichkeit des Besitzes des Versicherungsscheines bei dem Versicherungsvertrage für fremde Rechnung. Der Entwurf hält den Versicherungsschein, was aus den Bestimmungen und Erläuterungen zu ihnen in den Motiven, insbesondere aus dem Hinweis auf § 371 B.G.B. hervorgeht, für einen Schuldschein, also eine einfache Beweisurkunde, kein Wertpapier. Auf dieselbe Stufe stellen die Motive diejenigen Legitimationspapiere, zu welchen sie die Lebensversicherungspolice und die Transportversicherungspolice an Order rechnen. Weiter rechnen sie zu den auf Inhaber ausgestellten Papieren nur die Schuldverschreibungen auf den Inhaber des § 793 B.G.B. und glauben mit dem Verbot des Abs. 1 von § 5 nur diese getroffen zu haben. Dies sind durchweg irrige Rechtsansichten. Die im § 808 B.G.B. geregelten sogenannten Legitimationspapiere, selbst wenn man die Transportversicherungspolice an Order dazu rechnen wollte, sind Wertpapiere, in ihnen werden Leistungen versprochen und verkörpert, freilich werden diese Leistungspflichten nicht durch die Übergabe des Papiers begründet, sondern nur ihre Erfüllung von der Rückgabe abhängig gemacht. Ich verweise hierbei auf meine frühere Abhandlung in der Zeitschrift für die gesamte Versicherungswissenschaft Bd. III Seite 248 f. Hier nur so viel, daß überall da, wo das Gesetz die Kraftloserklärung zuläßt (§ 808 Abs. 2 B.G.B.), ein namenspapierähnliches Inhaberpapier vorausgesetzt wird, also ein Wertpapier, das zu den Schuldverschreibungen auf den Inhaber in weiterem Sinne des Wortes gehört, das eben in der besonderen Art des § 808 auf den Inhaber ausgestellt werden kann. Daraus ergibt sich, daß Satz 2 von Abs. 2 des § 5 wie auch Satz 2 von Abs. 2 des § 4 dem Abs. 1 § 5 widerspricht. Hierdurch wird auch die Frage aufgerollt, ob durch diese widerspruchsvollen Bestimmungen den Bestimmungen des B.G.B. derogiert werden, etwa gegen den Willen des sogenannten Gesetzgebers.

b) Der Widerspruch selbst erklärt sich aus einer theoretischen Auffassung des Entwurfes, deren volle Durchführung freudig zu begrüßen wäre. Der Entwurf hält den Versicherungsvertrag für einen K o n s e n u a l v e r t r a g, aus welchen die Leistungspflicht des Versicherers, insbesondere auch seine Pflicht zur Übergabe der Papiere und zugleich die Pflicht des Versicherten zur Prämienzahlung entspringt. Die Übergabe des Versicherungsscheines begründet also auf keinen Fall den Vertrag. Mit der Annahme des Antrages entstehen vielmehr die gegenseitigen Rechte und Pflichten. Konsequenterweise würde also damit die Leistungspflicht des Versicherers beginnen, ob er nun den Schein übergeben hat oder nicht, und ob eine Prämie bezahlt ist oder nicht.

c) Der Entwurf, welcher sich sonst nicht scheut, die Vertragsfreiheit zu beschränken, versagt hier, er gestattet dem Versicherer weiterhin sich den Vorbehalt auszumachen, das Privilegium des Stärkeren sich auszubedingen, von der Aushändigung des Scheines nicht bloß den Beginn des Vertrages, sondern auch seine Leistungspflicht abhängig zu machen. Aber selbst in diesen Fällen, die natürlich praktisch die Regel sein werden, braucht die Aushändigung des Scheines nicht notwendig als die Begründung des Vertrages aufgefaßt, kann sie noch als Symbol, als Beweis für den Vertragsschluß, bezw. Beginn der Leistungspflicht des Versicherers — ähnlich etwa wie die Draufgabe oder der Handschlag und andere Zeichen — aufgefaßt werden. Diese Konstruktion stimmt auch mit dem § 28 des Entwurfes überein. Aus ihr aber fällt der § 32 heraus. Wenn der Versicherer nach Aushändigung des Versicherungsscheines zur Leistung verpflichtet ist, auch wenn eine Prämie noch nicht bezahlt worden ist, so scheint die Leistungspflicht durch die Aushändigung begründet, so daß der Versicherer also z. B. nicht aufrechnen könnte mit seiner Forderung auf die Prämie, sondern zunächst einmal seine Leistung bewirken und Widerklage oder besondere Klage auf Zahlung der Prämie erheben müßte. Diese Auslegung wird durch den § 32, zweiten Satz gestützt. Aber selbst wenn sie falsch wäre, wenn also der Versicherungsschein hiernach kein konstitutives Wertpapier wäre, was er in der Tat nicht ist, so macht ihn der § 32 zweifellos zu einem exerziativen und dies mit Recht. Wäre der Versicherungsschein ein bloßer Schuldschein, was er sein müßte, wenn die konsensuale Natur des Vertrages allein sein Wesen bestimmt, so würde ein Beweis gegen seine Gültigkeit aus dem zugrunde liegenden Vertrage heraus zuzulassen sein. Wird dieser durch § 32 abgeschnitten, so enthält diese Bestimmung selbst eine Widerlegung der in den §§ 4 und 5 des Entwurfes getroffenen Maßnahmen.

VI. Versicherungsperiode.

1. Die Verdeutschungsbestrebungen des Entwurfes, welche wir bei dem Versicherungsschein freudig begrüßen konnten, versagen bei der Versicherungsperiode. Der Entwurf spricht selbst von der Dauer der Versicherung (§ 3) und nennt die Versicherungsperiode einen Zeitabschnitt (§ 13) und kennt schließlich noch eine Versicherungszeit (§§ 63 Abs. 3, 129, 138). Statt Versicherungsperiode hätte es sehr wohl Versicherungsabschnitt heißen können, wenn darunter — vielleicht in Klammern hinzugefügt — Abschnitt des Versicherungsvertrages verstanden wird. Der Ausdruck Versicherungsperiode hat im Sinne des Entwurfes den Vorzug der juristischen und ökonomischen Doppelbedeutung. Die Dauer der Versicherung ist der Inbegriff der einzelnen Versicherungsperioden, Versicherungszeit ist diejenige Zeit, für welche das Vertragsverhältnis gilt. Sie kann in Versicherungsperioden zerfallen, kann aber auch nur einen Teil einer solchen ausmachen (§ 63 Abs. 3), ist also das eine Mal Oberbegriff für Versicherungsperiode, ein anderes Mal ist diese Oberbegriff für sie. Der § 13 in Verbindung mit § 154 sagt uns, daß als Versicherungsperiode regelmäßig, wenn die Bemessung der Prämien nach Jahren erfolgt, der Zeitraum eines Jahres gilt, daß aber bei Bemessung der Prämien nach kürzeren Zeitabschnitten diese als solche gelten, daß also Versicherungsperiode entsprechend der Prämien-„Bemessung“ den Versicherungsvertrag in Zeitabschnitte zerlegt und mit diesen gleichbedeutend ist. Der Entwurf spricht von laufenden, künftigen Versicherungsperioden, und vom Schluß der laufenden, künftigen oder einfach der Versicherungsperiode (siehe §§ 13, 26 Abs. 3, 34 Abs. 1 u. 2, 35 Abs. 1, 47 Abs. 1, 62, 63, 64, 67, 71, 120, 154, 165 Abs. 1 bis 3, 167 Abs. 2). In allen diesen Fällen wird vorausgesetzt, daß die Prämien nach bestimmten Zeitabschnitten bemessen werden, und dementsprechend der Vertrag in Perioden zerfällt. Gibt es aber für den Vertrag keine Abschnitte und Versicherungsperioden, fänden dann die Bestimmungen über die letzteren auf die nur einmal zu zahlende Prämie keine oder finden sie analoge Anwendung?

2. Die auch hier wieder hervortretende negative Fassung des grundlegenden § 13 ist nicht glücklich. Warum wird die Regel in dem Konditionalsatz bis zur Gefahr des Mißverständnisses versteckt? Was gelten soll, wenn die Prämie nach kürzeren Zeitabschnitten bemessen ist, wird nicht gesagt. Für diesen Fall wissen wir nur, daß der Zeitraum eines Jahres als Versicherungsperiode nicht gilt. In dieser Negation eröffnet sich ein weites Feld der Möglichkeiten. Es kann heißen: Daß in diesem Fall die Regel nicht gilt und, da nur die Nichtgeltung ausgesprochen wird, aber nicht gesagt ist, was gilt, so sind die Vorschriften bezüglich der Versicherungsperioden nicht auf die Versicherungsverträge, bei denen die Prämien nach kürzeren Zeitabschnitten bemessen werden, anwendbar.

Der Sinn der Bestimmung scheint einfach ausgedrückt, folgender zu sein: Als Versicherungsabschnitt (Abschnitt des Versicherungsvertrages) im Sinne dieses Gesetzes gilt der Zeitraum eines Jahres. Ist die Prämie nach kürzeren Zeitabschnitten zu leisten, so gilt ein jeder von ihnen als Versicherungsabschnitt. Die Bestimmungen bezüglich des Versicherungsabschnittes finden auch Anwendung, wenn nur eine Prämie geleistet wird.

Statt dessen hätte der zugrunde liegende allgemeine Gedanke Platz finden können: Die Zeitabschnitte, für welche die einzelnen Prämien zu leisten sind, gelten als Abschnitte des Versicherungsvertrages (Versicherungsabschnitt).

3. Absichtlich haben wir davon gesprochen, daß Prämien zu leisten sind. Denn nicht das kommt juristisch in Frage, daß sie rechnerisch in bestimmter Weise festgestellt („bemessen") worden sind, sondern nur, daß und wie der Versicherte die Prämienleistungspflicht zu tragen hat.

VII. Versicherungssumme und Versicherungswert.

1. a) Der Leistung des Versicherten gegenüber steht die Leistungspflicht des Versicherers (§§ 38 Abs. 1 u. 39), welche regelmäßig auf eine bestimmte Summe geht (die sogenannte Versicherungssumme). Von letzterer wird vorzüglich in dem Abschnitt über den Schadens-Versicherungsvertrag gehandelt

(§§ 46, 47, 50, 51, 52 Satz 3, 53 Abs. 2, 54, 58 Abs. 1 Satz 2, 62 Satz 1, 63 Abs. 3 Satz 2) und zwar in ihrem Verhältnis zum Versicherungswert; außerdem findet sich noch eine Bestimmung bei dem Hagel-Versicherungsvertrag in § 104, und zwei bei dem Haftpflicht-Versicherungsvertrage in §§ 140 u. 145. Die Versicherungssumme gibt regelmäßig den Höchstbetrag des Umfangs der Leistungspflicht des Versicherers an. Redaktionell merkwürdig ist, daß derselbe Grundsatz in zwei kurz aufeinander folgenden Paragraphen ausgesprochen wird (§§ 46 und 50). Von dieser Regel macht der Entwurf drei bemerkenswerte Ausnahmen im § 58 Abs. 1 Satz 2, in § 140 und in § 175. Diese sind freudig zu begrüßen, wenn es auch bedauerlich ist, daß sie nicht zwingender Natur sind. Dann erst würden sie dem bestehenden Zustande ein Ende machen, daß die Gesellschaften im eigenen Interesse auf Kosten ihrer Versicherten Prozesse führen und Aufwendungen machen lassen können. Insbesondere ist auch durchaus zu billigen, daß bei dem Haftpflicht-Versicherungsvertrag die durch die Ermittlung und Feststellung des Anspruches des Dritten entstehenden gerichtlichen und außergerichtlichen Kosten, sowie die durch die Verteidigung gegen einen unbegründeten Anspruch entstehenden Kosten zulasten des haftpflichtigen Versicherers gehen, da letzten Endes die Ermittlung und Feststellung die Bestimmung des Umfanges seiner Haftpflicht zum Zwecke hat. Will man alle Konsequenzen ziehen, so wäre zu erwägen, ob man das Recht des Versicherten, dem Versicherer gemäß § 72 Z.P.O. den Streit zu verkünden, nicht analog der nominatio auctoris des § 76 Z.P.O. dahin erweitert, daß der Versicherte berechtigt ist, dem Klagantrag zu genügen, wenn der Versicherer nicht dem Streit beitritt, oder gar wenn er nicht den Prozeß an seiner Stelle übernimmt. Dies entspricht insofern der Billigkeit, als bisher die Versicherer sich das Recht, den Prozeß zu führen und zu übernehmen, einseitig vorbehalten, so daß beides ganz in ihr Belieben gestellt ist. Nach unserem Vorschlag aber würde, was dem Versicherten ja die Hauptsache ist, für ihn die Möglichkeit bestehen, die ganze Geschäftslast von sich abzuwälzen auf denjenigen, der die Haftpflicht tragen will und muß und ja durch den Vorbehalt seines Rechts zur Prozeßübernahme zu erkennen gegeben hat, wie sehr sein Interesse durch die

Ermittlung und Feststellung der Pflicht des Versicherten berührt wird. Man könnte sagen, daß in der Übernahme der Haftpflicht die Verpflichtung mitbegründet worden ist, bis zur Höhe der Versicherungssumme vermögens- und auch prozeßrechtlich an Stelle des Versicherten alle seine Rechtt auszuüben, alle seine Pflichten zu tragen.

b) Bei dem Schadens-Versicherungsvertrage soll die Versicherungssumme im Höchstbetrage dem Werte des versicherten Interesses (Versicherungswerte) gleichkommen, der Umfang der rechtlichen Verpflichtung zu einer Leistung abhängig sein von dem — es ist doch wohl zu ergänzen: wirtschaftlichen — Werte des versicherten Interesses. Den Begriff des Interesses und versicherten Interesses werden wir später im Zusammenhange mit dem Schadensbegriff näher untersuchen: Hier nehmen wir beide Begriffe als inhaltlich bestimmt an und betrachten nur den Umfang des Interesses, welches der Versicherungswert wirtschaftlich und die Versicherungssumme rechtlich zu bestimmen sucht. Aus dieser Unterscheidung wird schon eines deutlich, was später des näheren ausgeführt werden soll: Versicherungswert ist, streng genommen, kein juristischer Begriff, seine rechtliche Bedeutung besteht allein darin, daß in der Versicherungssumme eine Beziehung auf ihn enthalten ist, daß nämlich die Leistungspflicht des Schadensversicherers, so abstrakt sie auch ihrem Höchstbetrage nach stipuliert wird, für den Fall des Eintrittes ihrer Wirksamkeit ihrem besonderen Umfange nach durch den Umfang des wirtschaftlich zugrunde liegenden sogenannten versicherten Interesses bestimmt wird. Nun steht aber der Umfang des versicherten Interesses für die ganze Vertragsdauer nicht fest. Die Leistungspflicht des Versicherers kann aber rechtlich entweder nur eine ganz bestimmte Größe oder gar keine haben, da eine alternative Verpflichtung nicht in Frage kommt, und eine Leistungspflicht zweier verschiedener Größen zu gleicher Zeit versicherungsvertragsrechtlich unmöglich ist. Das Verhältnis der Versicherungssumme zum Versicherungswert kann nun in jedem Augenblick ein anderes sein, so daß die erstere jeweils höher oder niedriger, oder gleich dem letzteren ist. Die letzten Sätze gelten nicht für den sogenannten unbegrenzten Haftpflicht-Versicherungsvertrag. Doch kann diese bemerkenswerte Ausnahme unberücksichtigt bleiben, da die hier in Frage stehenden Bestimmungen des Entwurfs auf ihn überhaupt nicht passen. Diese wichtige Ausnahme bestätigt und bestärkt nur die Zweifel an der Richtigkeit der hier in Frage stehenden Regel.

2. Die Verhältnisse der Versicherungssumme zum Versicherungswert können auf Grund eines Versicherungsvertrages oder auf Grund mehrerer in Frage kommen. Liegen mehrere Versicherungsverträge vor, so können sie zu gleicher Zeit oder nacheinander mit einem oder mehreren Versicherern geschlossen sein. Die Möglichkeit, daß die den Versicherungswert übersteigende oder ihn nicht erreichende Versicherungssumme sich aus mehreren Versicherungsverträgen ergibt, welche zu gleicher Zeit (siehe § 787 H.G.B.) oder nacheinander mit einem Versicherer abgeschlossen werden, oder daß bei dem Abschluß verschiedener Verträge mit mehreren Versicherern die Versicherungssumme niedriger ist, als der Versicherungswert, berücksichtigt der Entwurf nicht besonders. In diesem Falle dürfte eine analoge Anwendung seiner Vorschrift am Platze sein. Es bleibt freilich zweifelhaft und führt zu Schwierigkeiten, ob dies bei den übersteigenden Versicherungssummen gemäß § 54 oder gemäß § 47 zu geschehen hat, und ob der § 51 bzw. 54 die Lücke auszufüllen vermag, wenn die Versicherungssummen aus mehreren Versicherungsverträgen bei einem oder mehreren Versicherern niedriger sind als der Versicherungswert.

Es bedarf an dieser Stelle keiner näheren Ausführung dieser Schwierigkeiten, weil später in anderem Zusammenhange darauf zurückzukommen ist. Hier sind es vor allem zwei Fragen, welche bei den angezogenen Vorschriften interessieren: Welcher Augenblick oder welche Augenblicke sind für das zahlmäßige Verhältnis von Versicherungswert und Versicherungssumme maßgebend, und kommt jeder Unterschied zwischen beiden in Betracht?

A. Für die Bestimmung des bezeichneten Verhältnisses gibt es verschiedene Möglichkeiten:

Zunächst müssen Versicherungswert und Versicherungssumme ein gleiches wirtschaftliches Substrat haben. Der erste Ausdruck findet sich nur in dem Abschnitt über den Schadens-Versicherungsvertrag und hier begreiflicherweise nicht in dem Titel über den Haftpflicht-Versicherungsvertrag und indirekt nur in dem über den Hagel-Versicherungsvertrag. Das gemeinschaftliche Substrat bei dem Schadens-Versicherungsvertrage ist nach dem Entwurfe der wirtschaftliche Wert des Interesses, über welches der Versicherungsvertrag abgeschlossen ist (§ 47). Zu diesem gehört anscheinend auch der entgehende Gewinn, welcher besonderer Vereinbarung bedarf, aber als solcher doch Gegenstand eines selbständigen Versicherungsvertrages sein kann (§ 49, vgl. §§ 88, 89), und der wirtschaftliche Wert der Sache. Beide nennt der Entwurf im Anschluß an die Wissenschaft Versicherungswert. Der letztere Begriff soll der Oberbegriff für beide sein. Ob der entgehende Gewinn mit umfaßt wird, kann bei Vergleichung von § 48 mit § 49 in Verbindung mit § 89 zweifelhaft sein. Gilt der Wert der versicherten Sache als Versicherungswert, so kann die besondere Vereinbarung über den entgehenden Gewinn, zumal wenn sie allein bei derselben Sache außerhalb des Sach-Versicherungsvertrages geschlossen wird (§ 89), nicht den Versicherungswert angehen. Daß in letzterem Vertrage die Umstände enthalten wären, aus welchen sich etwas anderes ergibt, ist aber nicht ersichtlich.

Da es in § 48 mit Rücksicht auf § 49 nicht heißt, der Wert der Sache gilt als „der" Versicherungswert, muß angenommen werden, daß der hier in Frage kommende, entgehende Gewinn mit dem Sachwerte auf gleicher Stufe behandelt werden solle. Das ist aber de facto et de jure unmöglich. Deshalb trifft der Entwurf zwei fundamentale Ausnahmebestimmungen, welche seine Systematik durchbrechen und beweisen, daß die aus der Wissenschaft übernommene Konstruktion eines Versicherungswertes als des Wertes des versicherten Interesses legislatorisch undurchführbar ist.

I. Der Hagel-Versicherungsvertrag ist ein Versicherungsvertrag über den aus der Saat erhofften entgehenden Gewinn. Die praktische Unmöglichkeit vor oder nach Eintritt des Hagelschlages die Ernteaussichten überhaupt genauer zu berechnen, zwingt dazu, sie im Runden zu veranschlagen, ihren Wert, den Versicherungswert, durch Vereinbarung auf einen bestimmten Betrag (Taxe) festzusetzen und die Versicherungssumme als Taxe gelten zu lassen (§ 104). Hiermit gibt der Entwurf seine Grundauffassung von der Natur des Schadens-Versicherungsvertrages als eines Versicherungsvertrages über den Wert des versicherten Interesses auf. Denn in jener der Sache nach notwendigen Bestimmung liegt eine vom Gesetz aufgestellte Fiktion, deren erhebliche Unrichtigkeit freilich vom Versicherer geltend gemacht werden kann, aber praktisch schwer nachweisbar sein wird. Diese in dem Willen der Parteien schließlibh begründete und daher berechtigte Fiktion besagt aber nichts mehr und nichts weniger, als daß die rechtlichen Beziehungen zwischen dem Versicherer und Versicherten ganz abstrakter Natur sind, daß ein Zurückgehen auf die Schätzungsgrundlage nach der Natur des Vertrages ausgeschlossen ist und dem Versicherer nur ausnahmsweise aus Billigkeitsrücksichten und mit Rücksicht auf den anzuerkennenden rechtspolitischen Grundsatz, daß die Versicherungsverträge mit nichten zu Bereicherungen des Versicherten führen sollen, der Nachweis gestattet wird, daß der Taxwert den wirklichen Versicherungswert erheblich übersteigt (§ 52 Satz 2), soll heißen, daß der eingetretene Vermögensschaden in keinem billigen Verhältnis zu dem Umfang seiner vertraglichen Zahlungspflicht steht.

II. Die andere Ausnahmebestimmung des § 88 verbietet aus rechtspolitischen Erwägungen die Vereinbarung einer Taxe bei dem Feuer-Versicherungsvertrage.

Hier ist die Sachlage in gewissem Sinne umgekehrt wie im vorigen Falle: es ist hier erst nach Eintritt des Brandschadens überhaupt möglich, den entgehenden Gewinn zu veranschlagen. Der reine Sach-Versicherungsvertrag legt den beim Abschluß vorhandenen Wert der Sache zur Bestimmung der Versicherungssumme und Prämienhöhe zugrunde, der entgehende Gewinn ist keine beim Vertrage eindeutig festzustellende Größe, er variiert je nach dem Kundenkreise überhaupt den geschäftlichen Beziehungen und der geschäftlichen Betätigung und Tüchtigkeit des Versicherten, wie auch dem Umfange des Schadens, der durch Inanspruchnahme des der Person gewährten und daher gar nicht schätzbaren Kredits verringert werden kann. Der entgehende Gewinn gehört daher seinem Wesen nach trotz seiner materiellen Außenseite zu den immateriellen Gütern (Kundenkreis, Kredit); deren Wert aber kann naturgemäß nur durch Vereinbarung als Taxe festgesetzt werden, da ein Nachweis ihrer Wertgröße schlechterdings unmöglich ist.

Gilt aber der entgehende Gewinn als Versicherungswert, wie nach dem Entwurf wohl nicht bezweifelt werden kann, so handelt es sich nach obigem um den Versicherungsvertrag über ein noch nicht bestehendes, sondern ein erst durch den eingetretenen Schaden mittelbar erzeugtes, also künftiges Interesse, das, wie gesagt, seinem Umfange nach von der Persönlichkeit des Versicherten in hohem Grade abhängig ist. Ist der entgehende Gewinn ein künftiges Interesse, dann vergleiche man einmal die Bestimmungen des entgehenden Gewinnes mit der zweiten Hälfte des ersten Halbsatzes von § 64, mit dem schon früher mehrfach als unverständlich erwiesenen: „sonst". Danach kann der Versicherte die gezahlten Prämien zurückfordern als ungerechtfertigte Bereicherung, wenn ein Gewinn ihm nicht entgeht (!), dieses künftige Interesse nicht zur Entstehung gelangt. Eine andere Auslegung der beiden verschiedenen Fälle des § 64 ist nicht zu begründen, wenn man nicht die Möglichkeit des künftig entgehenden Gewinnes für den Gegenstand eines jetzt bestehenden Interesses halten will. Aber auch das führt nicht zu befriedigenden Ergebnissen, weil das jetzt bestehende Interesse an dem künftig etwa entgehenden Gewinn und dieser selbst ganz verschieden sein können; und die Verschiedenheit zu einer Versicherungstaxe drängt, so daß das zu I Gesagte auch hier gelten würde.

In beiden Fällen (I und II) soll nicht ein wirkliches Sachgut, sondern ein bei Vertragsschluß vorhandenes wirtschaftliches Interesse an dem erst später möglicherweise zur Entstehung gelangenden entgehenden Gewinn Gegenstand des Versicherungsvertrages werden. Das Interesse an dem entgehenden Gewinn ist aber durchaus abstrakter Natur, weil dieser wegen seiner mittelbaren Abhängigkeit von der Einwirkung des Schadensereignisses auf die versicherten Sachgüter und von den oben erwähnten persönlichen Faktoren notwendig bei Vertragsabschluß eine fiktive Größe hat und schließlich auch diesen Charakter eines fiktiven Gutes behält.

Rechnet aber der Entwurf dieses fiktive Gut zu den Gegenständen des Versicherungswertes, so kann er von einem Schadens-Versicherungsvertrage nicht mehr sprechen. Spricht er aber von einem Schadens-Versicherungsvertrage, so hat in den für ihn getroffenen Bestimmungen der Versicherungsvertrag bezüglich entgehenden Gewinnes als eines seiner Natur nach notwendig fiktiven Gutes (wie überhaupt der mit taxierter Versicherungssumme) keinen Platz, kann sich jedenfalls mit dem Sach-Versicherungsvertrage nicht durch die Fiktion eines in beiden unterschiedenen Fällen gleichen, wirklich vorhandenen Versicherungswertes als des Gegenstandes des Schadens-Versicherungsvertrages unter dem höheren Begriffe des Schadens-Versicherungsvertrages vereinigen lassen. Denn der Wert der Sachgüter ist eine bestimmte in jedem Augenblicke feststellbare Größe, der des entgehenden Gewinnes muß aus den angegebenen Gründen fingiert werden. Können beide ganz verschiedenen Werte Grgenstand des Versicherungsvertrages werden, so kann der angeblich bei beiden gleiche, wirklich aber ganz verschiedene Versicherungswert nicht als essentiale, sondern muß als accidentale negotii betrachtet werden. Daraus ergibt sich weiter, daß die Bestimmungen über den entgehenden Gewinn unter die allgemeinen Vorschriften des § 1 Abs. 1 Satz 1 nicht zu bringen sind.

b) Sehen wir von den geschilderten Schwierigkeiten ab, so ist der Wert des versicherten Interesses nicht in allen Augenblicken des Versicherungsvertrages derselbe. In welchem Augenblick soll ihm die Versicherungssumme gleichgesetzt werden? Es gibt keinen Augenblick, dem der Entwurf auf Grund seiner wirtschaftlichen Auffassung vom Versicherungsvertrage nicht Bedeutung beimißt. Der wirkliche Wert des versicherten wirtschaftlichen Interesses kann nach dem Vertragsschlusse bald die Versicherungssumme übersteigen, bald unter ihren Betrag herabgehen. In dem ersteren Falle gestattet der Entwurf, daß jede der Parteien eine entsprechende Herabsetzung der Versicherungssumme und Prämie beansprucht (§ 47), in letzterem Falle bestimmt der Entwurf für die Zeit während der Vertragsdauer nichts. Im ersteren Falle also kann alle Jahre von jeder der Parteien eine Änderung verlangt werden, für letzteren Fall schweigt der Entwurf.

Es steht zu befürchten, daß durch die in § 47 geregelte, als solche nicht bezeichnete sogenannte Überversicherung eine Unsicherheit über das Verhältnis der Höhe des Versicherungswertes zu der Höhe der Versicherungssumme herbeigeführt wird, zumal wenn man Abs. 2 Satz 2 mit seiner unbestimmten Fassung in Erwägung stellt. Dem Versicherer soll die ganze Prämie gebühren, man weiß nicht, für die laufende Versicherungsperiode, für die abgelaufene Versicherungszeit oder für die ganze Vertragsdauer. Und es liegt nahe, zu vermuten, daß in dieser Vergünstigung des Versicherers ein Anreiz liegt, Prozesse auf Grund des Satzes 1 Abs. 2 § 47 anzustrengen. Hierin wird man bestärkt, wenn man bedenkt, daß der Versicherer in den seltensten Fällen mit dem Versicherten unmittelbar in Berührung kommt, regelmäßig durch seine Agenten von der etwaigen betrügerischen Absicht des Versicherten nicht unterrichtet werden wird, und das Wissen des Agenten seinem eigenen nicht gleichsteht.

Eine analoge Anwendung des § 47 Abs. 1 auf den Fall der als solcher bezeichneten Unterversicherung des § 51 dürfte dem Geiste des Entwurfes entsprechen; es würde sich aber vielleicht doch eine ausdrückliche Bestimmung empfehlen.

B. Die Frage nach der Höhe des Versicherungswertes während der Versicherungsvertragsdauer in ihrer Bedeutung für die Leistungspflicht der Parteien wird durch die oben schon herangezogene Bestimmung über den Versicherungswert als Taxe für diesen Fall belanglos. Aber der Entwurf kennt auch für den Regelfall des Über-Versicherungsvertrages eine einschränkende Vorschrift, nämlich ein solcher liegt nur dann vor, wenn die Versicherungssumme erheblich höher ist, als der Versicherungswert. Eine entsprechende Bestimmung fehlt für den Unter-Versicherungsvertrag.

C. a) Das HGB. bestimmt den Versicherungswert zur Zeit des Vertragsabschlusses als den Versicherungswert während der Vertragsdauer und zur Zeit der Vertragsauflösung. Der Entwurf führt seinen Standpunkt, daß der Schadens-Versicherungsvertrag nur den wirklich eingetretenen Vermögensschaden reparieren soll, in seinen allgemeinen Bestimmungen streng durch, um ihn freilich durch Sondervorschriften praktisch in vielen, vielleicht in den meisten Fällen aufzugeben.

b) Dem Vertragsabschluß kann der Höchstbetrag des überhaupt möglichen Schadens, das ist der Wert des versicherten Interesses zugrunde gelegt werden. Die Leistungspflicht des

Versicherers hat immer nur den wirklich eingetretenen Schaden bis zur Höhe des Höchstbetrages zu entgelten. Dem eingetretenen Schaden nun kann der Wert des versicherten Interesses im Beginn des Vertrages und sein Wert beim Eintritt des Schadens oder der Neuanschaffungswert oder viertens auch ein allgemein typisch feststehender oder festzustellender Versicherungswert zum Maßstabe dienen. Alle Fälle mit Ausnahme des dritten finden wir kombiniert in § 130, den ersten Fall in § 131, den zweiten Regelfall in den §§ 54 Abs. 1 in Verbindung mit 50 u. 86, den dritten in den §§ 85, 93. Schließlich findet sich noch in § 109 die besondere Bestimmung, daß beim Versicherungsvertrag als Versicherungswert bei dem durch Krankheit oder Unfall herbeigeführten Tode des versicherten Tieres der Wert gilt, den das Tier zur Zeit der Erkrankung oder des Unfalles gehabt hat. Da eine besondere Bestimmung über die Taxe in dem Titel über den Vieh-Versicherungsvertrag fehlt, so hat der Satz 2 Abs. 1 von § 109 nur dispositive Bedeutung und kann gemäß § 52 vertraglich außer Kraft gesetzt werden. So weit die auf die Regelung des Versicherungswertes sich beziehenden Bedenken nicht schon erörtert sind, wird auf die Ausführungen Ehrenberg's nnd Roellis verwiesen in der Zeitschrift für die gesamte Versicherungswissenschaft. Seinem Inhalt nach gehört der Versicherungswert nicht zu der subjektiven Seite des Versicherungsvertrages, der Leistungspflicht des Versicherers, ausgesprochen in der Versicherungssumme, sondern zu den objektiven Merkmalen, die nach der überlieferten Auffassung des Versicherungsvertrages zu seinem Begriffe gehören, nämlich zum Begriff des Schadens und wird hier des näheren herangezogen. Zu den objektiven Merkmalen gehört ferner der Begriff des Versicherungsfalles, der objektive Mittelpunkt aller in Frage kommenden Rechtsbeziehungen der Vertragsparteien. Der näheren Erörterung des vielleicht wichtigsten Begriffes, des Versicherungsfalles, schicken wir einige Bemerkungen über die Terminologie bezüglich der Vertragsparteien voraus.

VIII. Die Personen im Versicherungsvertrage.

(Versicherter, Versicherungsnehmer, Dritter, der andere, der Familienangehörige.)

Die Person des Versicherers bietet der Legislative terminologisch keine Schwierigkeiten, wohl aber die des — wir stocken schon, sollen wir des Versicherten oder Versicherungsnehmers, oder gar des anderen Teiles und des dritten aus dem Vertrage Berechtigten sagen oder müssen sie alle hier genannt werden?

1. Suchen wir über diese verwickelte Frage in den Motiven Belehrung, so lesen wir auf S. 56 unten: „Als Versicherten bezeichnet der Entwurf diejenige Person, welcher die Rechte gegen den Versicherer zustehen." (Vgl. hierzu § 37 Satz 2.)

Diese Definition soll, wird ausdrücklich gesagt, ganz besonders gelten für den Schadens-Versicherungsvertrag für fremde Rechnung, während bei dem Lebens-Versicherungsvertrage die Sache etwas anders liegen soll. Auf S. 119 wird von dem Grundsatz gesprochen: „daß die Versicherung von demjenigen, welcher den Vertrag mit dem Versicherer schließt (dem Versicherungsnehmer), im eigenen Namen für einen anderen (den Versicherten) genommen werden kann."

Zu § 149 heißt es in den Motiven auf Seite 170 unten: „Es wird außer Zweifel gesetzt, daß als Versicherter im Sinne des Entwurfes bei dem Lebensversicherungsvertrag nur derjenige gilt, welcher dem Versicherer als vertragschließender Teil gegenüber steht, nicht der andere, auf dessen Person die Versicherung genommen ist, der sich aber in keinem Vertragsverhältnis zu dem Versicherer befindet."

Es ist die Aufgabe, nachzuprüfen, ob diese Auffassung in den einzelnen Bestimmungen des Entwurfes ihren Ausdruck gefunden hat. Freilich ist die Lösung von vornherein problematisch, weil die Auffassung nicht eindeutig ist und ihr zwei verschiedene Gesichtspunkte zugrunde liegen. Eindeutig ist sie nicht, was die beiden ersten zitierten Stellen anbelangt. Die aus dem Versicherungsvertrage gegenüber dem Versicherer berechtigte Person ist regelmäßig, aber nicht notwendig die, welche ihm entsprechend verpflichtet ist. Und die Rechte und Pflichten aus dem Versicherungsvertrage sind verschiedenartig und können auf verschiedene Personen verteilt werden. Allen diesen verschiedenen Personen stehen Rechte aus dem Vertrage zu, alle Rechte sind nur dann in einer Person vereinigt, wenn sie auch alle Vertragspflichten trägt. Würde nun die letztere Person als Regelfall angesehen und der Versicherte genannt, so kann er seine Rechtstellung gegenüber dem Versicherungsnehmer, der dem Versicherten bei dem Lebensversicherungsvertrag im Sinne des Entwurfes gleichsteht, nicht verteidigen, weil auch dem Versicherungsnehmer als dem anderen vertragschließenden Teil alle Rechte und Pflichten aus dem Vertrage zustehen. Diese Schwierigkeit wäre gesetzgeberisch vielleicht zu überwinden durch Fortfall eines allgemeinen Teiles, so daß wir nur die einzelnen Lebensversicherten, Feuerversicherten kannten und ihre z. T. gleichen Rechte und Pflichten in jedem Abschnitt wiederholt würden, oder aber durch einen Ausdruck, der Versicherte und Versicherungsnehmer umfaßte, so daß bei den beide gleichbetreffenden Vorschriften eine ähnliche Regelung möglich wird.

Freilich würde letztere scheitern können an den sich widersprechenden Gesichtspunkten, welche durch den Versicherten des Lebensversicherungsvertrages in den Entwurf hineingetragen werden. Wird der aus dem Vertrage Berechtigte als Versicherter bezeichnet, so liegt dem unausgesprochen die überlieferte Lehre zugrunde, daß nur der Berechtigter beim Versicherungsvertrage sein kann, wer ein Interesse, wie man sagt, unter Versicherung gebracht hat, und den durch ein bestimmtes Ereignis ein Schaden treffen kann, in dessen Person als dem Subjekt von vermögensrechtlichen Beziehungen also der Gegenstand des Versicherungsvertrages allein rechtlich vorhanden ist. Der Entwurf steht auf dem Standpunkt, daß diese Gesichtspunkte des Schadensversicherungsvertrages auch für den Personenversicherungsvertrag gelten, muß also konsequenterweise beim Lebensversicherungsvertrage nach einem Interessenten, mit Schaden Bedrohten suchen, und findet ihn bei dem Versicherungsvertrage über das Leben eines Dritten in dem Vertragschließenden, der denn auch Versicherter genannt wird. Daß dieses Interesse an dem Leben des Dritten nicht Gegenstand des Lebensversicherungsvertrages ist, sondern einzig nur das Leben des Dritten selbst, während jenes Interesse als einseitiges Motiv des Vertragsabschlusses auf seiten des angeblich Versicherten gar nicht in Betracht kommt, ergibt sich aus den Ausführungen in meinem Aufsatz über den Lebensversicherungsvertrag a. a. O. S. 490.

Mit der letzterwähnten Ansicht des Entwurfes ist aber die Ausnahme zur Regel gestempelt und umgekehrt. Bei dem Personenversicherungsvertrag — wie bei dem Schadensversicherungsvertrag — gilt in erster Linie, wie ein Blick auf die Praxis auch bestätigt, derjenige als Versicherte, dessen Person oder Sache Gegenstand des Vertrags ist, Schließt jemand über die Person oder Sache eines anderen einen Vertrag ab, so ist der Vertragschließende allemal der Versicherungsnehmer. In diesem Falle hat der letztere im allgemeinen die Rechtsstellung des Versicherten, jedoch wird diesem das im Vertrage begründete Hauptrecht der Geltendmachung der Forderung, der Inanspruchnahme des Versicherers aus dem Vertrage unter gewissen Voraussetzungen eingeräumt. Die Regel ist nun, daß der Versicherte zugleich auch Vertragschließender, Versicherungsnehmer ist, während umgekehrt der Versicherungsnehmer niemals ohne weiteres als der Versicherte gilt. Richtet sich die Benennung nach dem Regelfalle, so erscheint es auf den ersten Augenblick gleichgültig, ob man den Gegenkontrahenten des Versicherers allgemein als Versicherten oder wie es das H.G.B. tut, als Versicherungsnehmer bezeichnet. Zur Empfehlung der ersten Alternative läßt sich anführen, daß die Praxis auf ihrem Standpunkte steht, und daß die Regelung der aus dem Vertrage sich ergebenden versicherungsrechtlichen Rechtsverhältnisse vorwiegend in Frage steht. Freilich muß zugegeben werden, daß, streng genommen, von einem Versicherten nicht eher gesprochen werden kann, als bis der Versicherungsvertrag gültig zustande gekommen ist. Aber in ähnlichem Sinne gilt dies schließlich auch für den Käufer, Mieter usw. Nach dem Entwurf hat also der Ausdruck Versicherter immer zunächst zwei Bedeutungen: Allgemein die des aus dem Vertrage Berechtigten, bei dem Lebensversicherungsvertrage die des Vertragschließenden, wobei zu beachten ist, daß der erstere stillschweigend als derjenige gilt, dessen Person oder Sache Gegenstand des Vertrages ist. Beide Bedeutungen sind voneinander in den Vorschriften, welche von dem Versicherten handeln, zu unterscheiden und stehen als einheitlicher Begriff dem Versicherungsnehmer und anderen Personen gegenüber, die für den Vertrag noch in Frage kommen, wie dem bezugsberechtigten Dritten und dem Dritten und dem anderen.

Es würde zu weit führen, allen Bedenken Ausdruck zu geben, welche durch Vergleichung der zahlreichen Stellen sich ergeben, in denen die in Rede stehenden Benennungen vorkommen. Sie folgen auch aus den allgemeinen Bemerkungen von selbst. Ich weise zunächst wieder zur leichteren Nachprüfung auf die einzelnen Stellen hin, um dann kurz die mir wichtiger erscheinenden herauszugreifen.

2. Vom Versicherten ist die Rede in den §§ 1, 2, 4—9, 12, 14, 15, 17 Abs. 2, 19, 20, 22, 23, 25—30, 32, 33, 35—38, 47, 50, 53 Abs. 3, 54—56, 58—61, 63, 64, 66, 70, 74—76, 78, 84, 91—94, 96, 102, 105, 115, 116, 118—121, 128, 129, 135, 136, 138—142, 144—146, 149, 151—158, 160, 162, 165, 168, 170 Abs. 2, 172, 175 Art. 4 des Entwurfs eines Einführungsgesetzes, VIII § 886 des Abänderungsgesetzentwurfs; vom Versicherungsnehmer in den §§ 75, 76—78 und in dem Entwurf eines Abänderungsgesetzes III § 708, VIII 886, 887, vom bezugsberechtigten Dritten § 155 ff., vom Dritten in den § 138 ff. und dem anderen in den §§ 37, 38, 74, 149, 151, 155, 156, 159, 160, 163 Abs. 2, 165 Abs. 2, 170; von Familienangehörigen §§ 61 Abs. 2, 64 Abs. 2, 143; Veräußerer und Erwerber §§ 66 ff., 108; Bevollmächtigter und Vertreter ohne Vertretungsmacht §§ 2 Abs. 3, 14, 15.

Von vornherein ist es technisch als mißlich zu bezeichnen, wenn ein Ausdruck zwei Bedeutungen hat, oder zwei Ausdrücke dieselbe Bedeutung haben. Ganz unbrauchbar werden die Ausdrücke aber, wenn ihre Bedeutungen nicht in Begriffen geschieden sind, und ein buntes quiproquo möglich wird. Ratlos jedoch steht man, wenn die durch das Fehlen der Begriffsbildung hervorgerufene Buntheit durch Einführung neuer Ausdrücke verstärkt wird, indem diese hilfreich überall in einem schlichten arglosen Gewande auftreten und zur Ausfüllung der Lücken zur Hand sind, im Grunde aber nur dadurch möglich sind, daß ihre Vielgestaltigkeit in alle Lücken hineinschlüpfen kann. Alle diese Mängel haben aber, wie wir bald sehen werden, ihren Grund in einer unbegründeten Systematik, die sich auf unrichtiger theoretischer Auffassung stützt.

Die Vorschriften, welche für die Versicherten getroffen sind, gelten nicht, sollte man meinen, für die anderen genannten Personen, die für den bezugsberechtigten Dritten nicht für den Versicherungsnehmer, oder den anderen, wenn dies nicht ausdrücklich gesagt ist, und umgekehrt, was für jeden einzelnen derselben Vorschrift ist, gilt nicht für den Versicherten, aber auch nicht für eine der anderen, nicht ausdrücklich der Vorschrift unterstellten Personen.

a) Wird der vorangestellte Satz als richtig anerkannt, und ich zweifle nicht, daß dies geschehen muß, da es ja der Standpunkt des Entwurfes ist, wie gerade die Stellung des „anderen" darin beweist, dann können die anerkennenswerten Bemühungen, zwingende Rechtssätze zugunsten des Versicherten aufzustellen in sehr vielen Fällen zu einem Versuche mit untauglichen juristischen Mitteln werden. Denn überall, wo der Entwurf ausdrücklich erklärt, daß von einer Vorschrift nicht zum Nachteil des Versicherten abgewichen werden darf, steht fest, daß zum Nachteil anderer aus dem Vertrage etwa berechtigter Personen, z. B. des Versicherungsnehmers, den bezugsberechtigten Dritten, des Dritten, der Familienangehörigen, des „anderen" abgewichen werden darf. Dies trifft auch zu, wenn der Versicherte seinen Anspruch auf Leistung abtritt oder vermacht, ja vielleicht gar, wenn ein anderer letzteren beerbt.

In all diesen Fällen kann der Versicherer die Bestimmungen der §§ 8, 9, 27, 36, 38, 53 Abs. 3, 72 (zum Nachteil des „Erwerbers" kommt nicht in Betracht), 91 Abs. 1 u. 2, 105 Abs. 1 Satz 2, 142 Abs. 2 Satz 2, 162, 168, 172 illusorisch machen. Das gilt nicht für die Fälle, wo gesagt wird, daß sich der Versicherer auf eine Vereinbarung nicht berufen kann (§§ 40, 44, 53 Abs. 3, 105 Abs. 1 Satz 2, 142 Abs. 2 Satz 2, 175), oder daß eine solche nichtig sei (§§ 57 Abs. 3, 65, 80 Abs. 3, 174 Abs. 3), wenn man nicht auch hier etwa ergänzen wollte; gegenüber dem Versicherten. Diese Ergänzung dürfte vielleicht für das erste Glied der Disjunktion im Sinne des Entwurfes liegen, da die Fassung dafür spricht, für das letzte jedenfalls nicht, weil Nichtigkeit das Fehlen jeglicher rechtlichen Existenz bedeutet.

De lege ferenda wäre also zu sagen: entweder werden, wo Zweifel möglich sind, alle Personen, die aus dem Vertrage berechtigt sein können, einzeln aufgeführt neben dem Versicherten, oder man entschließt sich zu einem gemeinschaftlichen Begriff und sagt eben statt „zum Nachteil des Versicherten“: Zum Nachteil einer aus dem Vertrage berechtigten Person. Denn in allen diesen Fällen kommt es nur auf die Berechtigung, nicht auf die Verpflichtung gegenüber dem Versicherer an.

b) Der Entwurf kennt für Versicherten und Versicherungsnehmer eine gemeinschaftliche Bezeichnung, oder sagen wir vorsichtiger „scheint zu kennen“; er spricht von einem Vertragschließenden oder sagt allgemein „wer einen Vertrag schließt usw.“ Das gilt für beide Genannten. Aber der Ausdruck: „Vertragschließende“ will in § 2 Abs. 3 unmißverständlich nur Bevollmächtigte und Vertreter ohne Vertretungsmacht zusammenfassen; und aus einem Vergleich von § 14 Abs. 1 u. Abs. 2 in Verbindung mit § 15 kann geschlossen werden, daß der Entwurf mit „wer einen Vertrag schließt“ den Versicherten und seinen Bevollmächtigten oder einen Vertreter ohne Vertretungsmacht meint. Danach würde dann im allgemeinen Teil für den Versicherungsnehmer kein Platz sein. Überall wo von dem Versicherten die Rede ist, kann er nicht in Frage kommen. Trotzdem aber hat er als Gegenkontrahent des Versicherers, insbesondere also, in so weit die Vertragstreue beim Abschluß gefordert wird, dieselbe Rechtsstellung wie der Versicherte, vor allem die der Lebensversicherten. Diese Erkenntnis berechtigt nicht ohne weiteres zu einer analogen Anwendung der betreffenden Vorschriften, da ja ausdrücklich beide Personen in den §§ 74 ff. gegenübergestellt worden sind, und die Möglichkeit besteht, Abs. 1 § 14 so aufzufassen, wie oben geschah. Nimmt man die Vorschrift des letzteren in ihrem allgemeinsten Sinne, so daß also auch der Versicherungsnehmer darunter fällt, dann bleibt wieder unverständlich, wie in den folgenden Bestimmungen und überhaupt überall, wo der Vertragschließende gemeint ist, also auch da, wo der Bevollmächtigte oder Vertreter ohne Vertretungsmacht mitinbegriffen sein soll, nur von dem Versicherten die Rede sein kann (siehe z. B. § 17 Abs. 2 und viele andere).

Um einen einzelnen Punkt einmal herauszugreifen, vergleiche man § 75 Abs. 1 Satz 1 mit § 28. Unter Versicherten schlechtweg ist das Rechtssubjekt als Inbegriff aller rechtlichen Beziehungen zu verstehen. Es ist derjenige, auf den alle Vorschriften, welche von ihm handeln, Anwendung finden sollen. Der § 75 bestimmt nun, bei der Versicherung für fremde Rechnung stehen die Rechte aus dem Versicherungsvertrage dem Versicherten zu. Daraus folgt zweierlei: Erstens einem anderen stehen die Rechte nicht zu. Zweitens ihm, dem Versicherten liegen nicht die Pflichten ob, sondern einem anderen.

Zu 1. Der Satz 2 des Abs. 1 von § 75 und § 76 Abs. 1 Satz 2 widerlegt den Satz 1 Abs. 1 der §§ 75, 76. In ersteren beiden würde dem Versicherungsnehmer ein wichtiges Recht aus dem Versicherungsvertrage eingeräumt, ja eigentlich alle. Sind hier also zwei nebeneinander Berechtigte? Nun taucht freilich die Frage auf: handelt es sich hier um eine eigenartige, interessante Konstruktion? Soll gemeint sein, daß der Versicherte Subjekt der Rechte aus dem Versicherungsvertrage ist, und der Versicherungsnehmer aus fremdem Recht, über fremde Rechte verfügen kann, also schließlich seine abgeleitete Verfügungsmacht beweisen muß. Dies ist auch vom Standpunkt des Entwurfes aus irrig.

Zu 2. Wenn der Versicherte nicht die Pflichten aus dem Versicherungsvertrage trägt, sondern der Versicherungsnehmer, dann wird dieser auf Grund des § 28 zum . . . Versicherten. Denn dort steht: Der Versicherte hat die Prämie zu zahlen, er ist also der zur Prämienzahlung vertraglich Verpflichtete. Dieser Satz muß aber umkehrbar sein, wenn er richtig sein soll: Der zur Prämienzahlung vertraglich Verpflichtete (nach § 75 Satz 1 Abs. 1 nicht der Versicherte, sondern der Versicherungsnehmer) ist der Versicherte.

c) Wohin die mit Recht so gerühmte, praktische Tendenz des Entwurfes führen kann, zeigt ein Vergleich der Rechtsstellung des Versicherten und des anderen. —

α) § 170 Abs. 1 erklärt bei einem Versicherungsvertrage über Unfälle, die einem anderen zustoßen, auch die Bestimmungen der §§ 75—78 entsprechend anwendbar. Bei entsprechender Anwendung jener Vorschrift ergibt sich, daß der andere die Rechtsstellung des Versicherten bei dem Versicherungsvertrage für fremde Rechnung inne hat, während der Vertragschließende die des Versicherungsnehmers ausfüllt (§ 74). Es macht dort wie hier für die Rechtsstellung keinen Unterschied, ob der Vertragschließende den Vertrag in eigener Rechnung oder in fremder Rechnung geschlossen hat. In Abs. 2 § 170 wird eine Versicherung gegen Unfälle, die einem anderen — nach dem eben Gesagten dem Versicherten — zustoßen, von dem Versicherten — nach dem eben Gesagten muß es vom Standpunkt des Entwurfes heißen: Versicherungsnehmer — für eigene Rechnung genommen; zur Gültigkeit des Vertrages ist die schriftliche Einwilligung des anderen — des Versicherten — erforderlich. Auch die systematische Stellung der Versicherung für fremde Rechnung erfährt durch die Verweisung des § 170 eine merkwürdige Bedeutung.

β) Noch widerspruchsvoller ist der § 37. Wird der Versicherte als diejenige Person bezeichnet, welcher dem Versicherer gegenüber die Rechte aus dem Vertrage zustehen, so können doch unmöglich einer anderen Person als dem Versicherten und seinen Rechtsnachfolgern die Rechte — oder eines derselben — zustehen. Wenn also § 37 Satz 2 sagt: „Steht das Recht auf die Leistung einem anderen als dem Versicherten zu, so liegt die Pflicht zur Anzeige dem anderen ob", so heißt es in der Bezeichnungsweise des Entwurfes nichts anderes als: „Steht das Recht auf die Leistung einem anderen als dem, welchem das Recht auf die Leistung zusteht, zu, so liegt usw."

Die Schwierigkeiten, welche dadurch entstehen, daß man nicht genau weiß und wissen kann, wer der Versicherte und wer der andere ist, treten deutlich hervor, wenn die vielen Verweisungen auf § 37 bei den einzelnen Versicherungsvertragsarten berücksichtigt werden (s. §§ 91, 105, 115 Abs. 2 Satz 2, 136, 142, 16,1 173).

Die nach unserer Darstellung sich ergebende Absurdtiät des § 37 kann natürlich nicht gemeint sein. Vielmehr beweist sie, daß der Entwurf seinen eigenen in den Motiven ausgesprochenen Standpunkt verlassen hat und im Anschluß an den Sprachgebrauch und die Praxis schließlich doch unter Versicherten nicht den versteht, dem die Rechte aus dem Vertrage zustehen, sondern den, der den Vertrag abgeschlossen hat oder, wie allgemein im Anschluß an die Praxis und Theorie vorzuschlagen wäre, dessen Person oder Sache Gegenstand des Vertrages ist.

d) Die Berechtigung des letzten Vorschlages ergibt sich auch aus der Erwägung, daß sich die Versicherungsverträge nicht nach den Subjekten der Vertragschließenden, sondern nach den Objekten des Vertrages, den Personen oder Sachen, auf welche sie sich beziehen, individualisieren. Die Subjekte können ihre Rechte abtreten, ihre Sachen veräußern, Bezugsberechtigte ernennen, mit einem Wort an ihre Stelle können andere Personen treten. Der Vertrag bleibt immer derselbe, dadurch, daß bei all diesen Subjektsverschiebungen dieselbe Person oder dieselbe Sache sein Gegenstand ist

Nun ist wohl kaum etwas dagegen zu erinnern, wenn man alle diese an Stelle des Versicherten möglicherweise tretenden Personen zusammenfaßt unter dem Ausdruck: Ein anderer, wie es die §§ 37 und 38 tun. Damit ist aber der Ausdruck vergeben, und er darf aus redaktionellen und praktischen Rücksichten nicht mehr in einem gänzlich anderen Sinne genommen werden, selbst wenn Mißverständnisse nicht unmittelbar zu befürchten sind. Der § 74 versteht unter dem anderen den Versicherten, die §§ 149, 151, 170 denjenigen, dessen Leben oder Unfall Gegenstand des Vertrages ist. Alle drei letzten Paragraphen nehmen den Ausdruck in demselben ökonomischen Sinne, nämlich in dem, daß der andere die Person ist, welche Träger der Versicherung ist, nicht des Versicherungsvertrages. Die §§ 37, 38 verstehen unter dem anderen die Person, welche nur Träger der Rechte aus dem Versicherungsvertrag, insbesondere des Rechtes auf Leistung ist, nicht aber Träger der Versicherung. Der § 74 endlich versteht unter dem anderen eine Person, die beide Bedeutungen in sich schließt. Die Schwierigkeiten, welche sich aus diesen Vieldeutigkeiten ergeben, liegen auf der Hand: Man wird versuchen, je nach dem vorliegenden Falle den Ausdruck „der andere" restriktiv oder intensiv zu interpretieren. Z. B. die Anzeige- und Auskunftspflicht des anderen nach den §§ 37 und 38 gilt nicht für den bezugsberechtigten Dritten. Denn die §§ 149, 151 sagen ausdrücklich, der andere ist die Person, auf welche die Versicherung genommen ist.

Der Bezugsberechtigte ist nicht diese Person, also nicht der andere. Oder aber: die §§ 37, 38 gelten auch für jeden anderen, ein anderer ist auch der bezugsberechtigte Dritte, also auch für ihn.

e) Welche Stellung aber hat der Familienangehörige zu dem anderen? Zunächst sagt der Entwurf nichts darüber, wen alles der erstere Ausdruck umfaßt. Der § 52 Abs. 2 St.G.B. wird auch wohl nicht in das Privatrecht einfach übertragen werden dürfen, ebensowenig wohl die §§ 16ff. des Gewerbe-Unfallgesetzes. Es würde also dem Ermessen des Richters anheim gestellt sein, wie weit oder wie eng er die Grenzen ziehen will.

Legt man den § 84 Abs. 2 allgemein zugrunde, so dürfte es wohl keine Grenze geben, die zu weit gesteckt wäre.

Die §§ 61 Abs. 2 und 143 schützen den Familienangehörigen vor Ersatzansprüchen, die der Versicherer als Rechtsnachfolger des Versicherten gegen sie geltend machen könnte, im ersteren Falle mit der Ausnahme, daß den Angehörigen ein Verschulden, Vorsatz oder grobe Fahrlässigkeit, trifft, im letzteren Falle mit der Ausnahme, daß ihn Vorsatz trifft. Der Unterschied beider Bestimmungen ist mit Rücksicht auf § 139 erforderlich. Auffällig ist, daß der Haftpflichtversicherte nur für vorsätzlich begangene widerrechtliche Handlungen sein Recht auf die Leistung verliert, während der Angehörige jede vorsätzliche Handlung zu vertreten hat. Durch Heranziehung der §§ 227ff. B.G.B. in Verbindung mit § 22 des Entwurfes ergeben sich interessante Konsequenzen.

In den beiden Vorschriften (§§ 61, 143) kommt es auf den „anderen" nicht an, wohl aber in dem § 84 Abs. 2. Zunächst wird die Sachlage bei den zur Familie des Versicherten gehörenden, sowie in einem Dienstverhältnis zu ihm stehenden Personen, sofern diese Personen in häuslicher Gemeinschaft mit dem Versicherten leben, insoweit schwierig, als die Versicherung für fremde Rechnung genommen gilt. Man könnte meinen, das Recht auf die Leistung stehe dem Versicherten vor oder neben oder an Stelle der genannten Personen zu, wenn nicht die Versicherung insoweit als für fremde Rechnung genommen gelten würde. Daraus ergibt sich, daß die genannten Personen zu dem Versicherten in dem Verhältnis des

Versicherten zum Versicherungsnehmer bei der Versicherung für fremde Rechnung stehen. Weitere Ausführungen erübrigen sich, da das Obengesagte auch hier gilt.

Bemerkt sei nur noch zu diesem Punkte, daß es auch zu unbefriedigenden Ereignissen führen dürfte, wenn der Vertrag sich außer auf die Sache der Angehörigen nur noch auf die der in einem Dienstverhältnisse stehenden Personen erstrecken soll. Hier wäre es vielleicht angebracht, hinzuzufügen: Oder in einem sonstigen auf die dauernde Beschäftigung — gegen oder ohne Entgelt — gerichteten Rechtsverhältnisse.

f) α) Auf einige Einzelheiten bei dem Lebensversicherungsvertrage möchte ich noch eingehen. Der Lebensversicherte, wie „der andere" beim Lebensversicherungsvertrage, ist derjenige, auf dessen Person die Versicherung genommen wird. Überall, wo von dem letzteren die Rede ist, sind die beiden ersteren gemeint (§§ 149, 150, 151, 152, 159, 160, 163, 165 Abs. 2). Dies bleibt selbst richtig, trotzdem die §§ 155, 156 den anderen noch in einer neuen, bisher unerörterten Bedeutung einführen, nämlich als denjenigen, welchen der Versicherte an Stelle des früher benannten bezugsberechtigten Dritten bezeichnet. Von diesem anderen wird in dem Folgenden nicht gesprochen. Die Rechtsstellung des Lebensversicherten und des anderen, auf dessen Person die Versicherung genommen ist, ist verschieden voneinander und ähnelt der des Versicherungsnehmers und Versicherten (§ 74ff.). Freilich wird im ersten Falle immer angenommen, daß der Versicherte für eigene Rechnung den Vertrag abschließt. Die Verschiedenheit der Rechtsstellung beider in Rede stehenden Personen ergibt sich argumento e contrario aus § 151. Wird also von dem Versicherten allgemein gesprochen, so ist sicherlich nicht auch der andere gemeint. Daraus ergibt sich zunächst, in Bestätigung des früheren, daß Vereinbarungen zum Nachteil des anderen gestattet sind. Es kommt häufig vor, daß der andere zugleich der bezugsberechtigte Dritte oder Erbe oder Vermächtnisnehmer ist.

β) Nach § 159 ist der Versicherer bei einem Versicherungsvertrage für den Todesfall von der Verpflichtung zur Leistung frei, wenn derjenige, auf dessen Person die Versicherung genommen ist, Selbstmord begangen hat, ausgenommen wenn letzterer in Unzurechnungsfähigkeit begangen wurde. Danach kommt es weder darauf an, ob und welche Zeit seit Vertragsabschluß vergangen ist, noch ob bei dem Versicherten oder dem anderen — im letzteren Falle mit oder ohne Kenntnis des Versicherten — beim Vertragsabschluß eine Selbstmordabsicht bestand. Dem Versicherten oder dem anderen im Sinne der §§ 37, 38 steht nur ein Recht auf Prämienreserve zu (§ 167 Abs. 1 und 2). Es ist allgemein üblich geworden bei den Versicherern, nach Ablauf eines bestimmten Zeitraums — 1 bis 5 Jahre —, vom Vertragsschlusse an gerechnet, den Selbstmord nicht mehr als Befreiungsgrund ihrer Verpflichtung sich auszubedingen, in der richtigen Erwägung, daß der Selbstmord nur dann ihre Befreiung rechtfertigt, wenn er vor und beim Vertragsschluß oder mit Rücksicht auf ihn, einige Zeit später beabsichtigt wurde. Der Entwurf läßt solche Vereinbarungen gegen seine Dispositivnorm zu. Aber er zieht nicht in Rücksicht, daß die Stellung des Versicherten und die des anderen gegenüber dem Versicherer im Falle des Selbstmordes nicht dieselbe sein kann, insofern als die ganz verschiedene tatsächliche Stellung eine verschiedene rechtliche Regelung fordert.

Hat der Versicherte über das Leben eines anderen, etwa des Schuldners oder des Ehemannes oder des Kindes einen Versicherungsvertrag abgeschlossen, welcher gerade und nur den Zweck hat, eine bestimmte Summe in einer bestimmten Zeit oder im Falle des Todes des anderen selbst zu erhalten oder diesem zuzuwenden, so ist der Selbstmord des anderen etwas, was gänzlich außerhalb seines Willens, ja gegen denselben eingetreten ist, ein Zufall, den nicht er, sondern der Versicherer, welcher mit ihm zu rechnen gelernt hat, vertreten sollte. Das würde selbst für richtig zu halten sein, wenn der andere sich ohne Wissen des Versicherten für ihn opfert, um ihm aus einer bedrängten Lage herauszuhelfen, wenn auch zuzugeben ist, daß dieser Fall zweifelhaft sein kann.

Es wäre also ein Vorschlag im Anschluß an den Entwurf dahin zu machen, daß in vorliegendem Falle der andere und der Versicherte als Versicherte, und der Versicherte des Entwurfs als Versicherungsnehmer bezeichnet wird, wonach freilich dann auch alle Vorschriften redaktionell umzugestalten wären:

> Bei einem Versicherungsvertrage für den Todesfall ist der Versicherer von der Verpflichtung zur Leistung frei, wenn der Versicherte Selbstmord begangen hat. Die Verpflichtung usw.
>
> Die Verpflichtung bleibt ferner bestehen, wenn der Versicherte ohne Wissen und Willen des Versicherungsnehmers den Selbstmord begangen hat.

Freilich bleibt zu erwägen, ob die Beweislast zum mindesten im letzteren Falle nicht noch anders verteilt werde. Mit Rücksicht auf eine andere Beweislastverteilung würde es heißen müssen:

> Der Versicherer ist auch frei, wenn der Versicherte mit Wissen und Willen des Versicherungsnehmers den Selbtsmord begangen hat.

Für eine solche Regelung würde auch die tatsächliche Erwägung sprechen, daß im Regelfalle der Eid das Beweismittel sein wird und der Versicherer doch gezwungen wäre, den ihm zugeschobenen Eid zurückzuschieben.

γ) Den Gedanken, daß die Rechtsstellung des Versicherten, des anderen oder auch des bezugsberechtigten Dritten beim Lebens-Versicherungsvertrage eine verschiedene ist, hat der Entwurf auch erwogen, freilich in einem Falle durchgeführt, wo wir gerade eine gleiche Regelung des bei allen Personen Gleichen erwartet hätten. Der § 160 lautet: „Ist die Versicherung für den Fall des Todes eines anderen als des Versicherten genommen, so ist der Versicherer von der Verpflichtung zur Leistung frei, wenn der Versicherte vorsätzlich den Tod des anderen widerrechtlich herbeigeführt hat.“

Die Befreiung tritt also bestimmt ein im Falle des Mordes und des Todschlages und im Falle des § 216 Str.G.B., bestimmt nicht ein im Falle der Körperverletzung mit tödlichem Ausgang und im Falle des § 221 Str.G.B., denn in letzterem Falle umfaßt der Vorsatz nicht den tötlichen Ausgang. Sie tritt auch wegen Mangels der Widerrechtlichkeit nicht ein, wenn die

§§ 51—54 Str.G.B. zutreffen, falls man nicht etwa die Widerrechtlichkeit zivilrechtlich bejaht trotz nicht Vorhandenseins einer strafbaren Handlung, was aber wohl mit Rücksicht auf §§ 227ff. B.G.B. nicht gut möglich ist. Es kommt auf die Absicht des Versicherten nicht im geringsten an. Schon dies ist unbefriedigend. Wird der Tod ohne jede Bereicherungsabsicht in den edelsten Motiven, z. B. bei Gebrechlichkeit, qualvollem Sterben des anderen, in gemeinsamer Gefahr oder ohne solche, und bei Unmöglichkeit, einen Notstand nachzuweisen, von dem Versicherten herbeigeführt, so ist es vielleicht schon bedenklich, daß er keinen Anspruch auf Leistung der Versicherungssumme hat, zumal, wenn der andere eine Person ist, dessen Leben das größte Interesse für den Versicherten hat. Aber ganz zweifelhaft erscheint die Bestimmung, wenn der andere vielleicht als bezugsberechtigter Dritte oder sein Erbe oder noch andere als die letzteren in Frage kommen, und die Tat ohne die Absicht, sich oder den Dritten zu bereichern, begangen ist. Diese Zweifel werden unabweisbar, wenn man sich denkt, daß der Versicherte gleich nach der Tat gemeinschaftlich mit dem anderen stirbt, und die bezugsberechtigten Dritten, ob Erben oder im Vertrage Benannte, keine Beziehung zu der Tat haben. Unter Berücksichtigung des Gesagten würde es also im § 160 zu heißen haben, indem wieder statt Versicherter Versicherungsnehmer und statt des anderen Versicherter zu setzen wäre:

> ... so ist der Versicherer von der Verpflichtung zur Leistung an die Person des Versicherungsnehmers frei, wenn dieser vorsätzlich den Tod des Versicherten herbeigeführt hat, um sich widerrechtlich in den Besitz der Versicherungssumme zu setzen. Das gleiche gilt, wenn ein Dritter mit Wissen und Willen des Versicherten vorsätzlich den Tod des anderen herbeigeführt hat, um widerrechtlich dem Versicherten die Versicherungssumme zu verschaffen.
>
> Das gleiche gilt bezüglich einer anderen Person, der ein Recht auf die Leistung des Versicherers zusteht, wenn die Tat mit ihrem

Wissen und Willen und in der Absicht begangen wurde, daß sie die Versicherungssumme erhalten sollte.

Der Entwurf hat schließlich den Fall ganz unberücksichtigt gelassen, daß nicht der Versicherte, sondern ein dritter Bezugsberechtigter oder sonst Berechtigter den Tod des anderen vorsätzlich in der Absicht, sich die Versicherungssumme zu verschaffen, herbeiführt. Unter dem § 160 dürfte also noch als Abs. 3 hinzuzufügen sein:

Steht bei einem Versicherungsvertrage für den Todesfall nicht dem Versicherungsnehmer, sondern einer anderen Person das Recht auf die Leistung zu, so ist der Versicherer von der Verpflichtung zur Leistung an diese frei, wenn sie vorsätzlich den Tod des anderen herbeigeführt hat, um sich widerrechtlich in den Besitz der Versicherungssumme zu setzen.

Man wird wohl annehmen müssen, daß der § 160 als Sonderbestimmung die allgemeine Vorschrift des § 19 unanwendbar macht. Denn die Herbeiführung des Todes ist wohl schwerlich als eine Erhöhung der Gefahr aufzufassen. Aber immerhin eventuell würde der § 160 durch § 19 überhaupt überflüssig geworden sein!

δ) Der dem Versicherer ungünstigen Vorschrift des § 163 ist auch mit Rücksicht darauf zuzustimmen, daß er sich das Recht vorzubehalten pflegt, durch Aushändigung des Versicherungsscheins den Beginn des Versicherungsvertrages zu bestimmen. Wenn ihn die Annahme des Versicherungsantrages, auf Grund dessen er den Versicherungsschein ausstellt, vertraglich noch nicht bindet, so ist es auch das gute Recht desjenigen, auf dessen Person eine Versicherung genommen wird, nach Stellung des Antrages sich zu überlegen, ob er überhaupt durch Unterwerfung unter eine ärztliche Untersuchung die Grundlage für die Annahme seines Antrages schaffen will. Beide Vorbehaltsrechte entsprechen sich.

Werfen wir einen Rückblick auf unsere Betrachtung über die Vertragssubjekte, so erkennen wir schon, wie all die Schwierigkeiten, auf welche wir stießen, in der theoretischen Grundauffassung und der aus ihr folgenden Systematik des Entwurfes ihre Erklärung finden. Werden Interesse, Gefahr und Schaden als die wesentlichen Merkmale jedes Versicherungsvertrages angesehen, wird auf dieser Grundlage der Haftpflicht-Versicherungsvertrag dem Schadens-Versicherungsvertrage eingeordnet, der Lebens-Versicherungsvertrag der letzteren gegenüber, der Unfall-Versicherungsvertrag zwischen beide gestellt, und alles in einem allgemeinen Teile als ein Ganzes einheitlich zu regeln versucht, so ist es eine unseres Erachtens in sich von vornhein unlösbare Aufgabe, die Grundbegriffe bei den besonderen Versicherungsvertragsarten durchzuführen, und überall hat sich das Prokrustesbett der stillschweigend vorausgesetzten und gehandhabten Grundbegriffe als zu weit oder zu kurz herausgestellt, entweder so, daß die Grundbegriffe der besonderen Versicherungsvertragsarten nicht mit dem allgemeinen Teil in Einklang zu bringen waren oder aber untereinander nicht stimmten. Doch ich eile schon voraus.

IX. „Versichert."

Es ist im vorigen so viel von Versicherten gesprochen worden; der Entwurf kennt das Wort auch in adjektivischer Anwendung. Hierauf will ich noch kurz einen Blick werfen, weil er uns weiterführt und die letzten gedanklichen Voraussetzungen des Entwurfes erkennen läßt. Als versichert gilt etwas oder jemand, was oder wer Gegenstand des Versicherungsvertrages ist. Ganz korrekt ist dies schon nicht, was sich zeigt, wenn wir andere Verträge zum Vergleiche heranziehen. Man spricht von gekauft und verkauft, geliehen und verliehen, gemietet und vermietet usw. Beim Versicherungsvertrage können wir diesen Unterschied sprachlich nicht ausdrücken, und versichern hat also die doppelte Bedeutung, daß der Versicherer und die, daß sein Gegenkontrahent etwas oder jemand zum Gegenstand eines Versicherungsvertrages gemacht hat. Weiter aber haben die genannten Verträge nicht Unterarten, welche so sich voneinander unterscheiden, daß gekauft und verkauft, gemietet und vermietet usw. bei einer jeden von ihnen einen anderen Sinn hätte. Die einzelnen Versicherungsvertragsarten sind aber nun stark voneinander unterschieden, so daß viele zweifeln, ob sie zum selben Oberbegriff gehören. Wird also schlechtweg einfach von etwas oder jemand gesprochen, was oder wer versichert ist, so bleibt in jedem einzelnen Fall zu prüfen, ob der Ausdruck „versichert" immer denselben Sinn hat. Und es eröffnet sich, abgesehen von der doppelten Bedeutung des Ausdrucks „versichert", die Möglichkeit, daß es genauer sein würde, wenn wir die Vertragsart hinzufügten, durch welche versichert worden ist.

Diese Erwägungen gelten auch für die früheren Bemerkungen ganz allgemein. Untersuchen wir, welche Bedeutung sie im vorliegenden Falle gewinnen. Mit Rücksicht auf das schon früher unter dem Gesichtspunkt des Versicherungswertes erörterte versicherte Interesse muß ich mich vom Standpunkte des Entwurfes aus berichtigen. Als versichert gilt nicht etwas und nicht jemand, sondern nur das Interesse an einer Person oder Sache, welche Gegenstand des Versicherungsvertrages ist. Dieses Interesse ist es, welches durch den Versicherungsvertrag rechtlich fixiert und geregelt wird. Und durch diese rechtliche Fixierung und Regelung wird es eben versichert. Was es selber ist, steht hier noch nicht in Frage. Es ist von der Auffassung des Entwurfes aus nicht ganz richtig, wenn er in scheinbarem Rückfalle zu überwundenen Ansichten von versicherten Sachen im allgemeinen oder besonderen spricht (§§ 66, 73, 82, 89, 93, 103, 109, 114, 115 Abs. 2, 116, 120, 126, 127, 129, 132, 133). Aber der Entwurf hält auch die Sachen nicht in dem Sinne für versichert, daß sie Gegenstand des Versicherungsvertrages, sondern nur in dem Sinne, daß sie Gegenstand der Versicherung sind. Hier treffen wir also wieder die früher besprochene Gleichsetzung der wirtschaftlichen und juristischen Ausdrücke. So erklären sich auch die rechtlich ganz absonderlichen Wendungen „versicherte Reise" in den §§ 125 und 128. Dieses wirtschaftliche Moment des Versichertseins, d. h. des Abgeschätztseins zu einem bestimmten Werte und des Gedecktseins durch den Versicherer in dieser Höhe, ist bei allen Versicherungsarten dasselbe mit Ausnahme der Haftpflichtversicherung und Lebensversicherung. Bei der letzteren aber wird im Entwurfe nicht davon gesprochen, daß jemand versichert sei. Die Unterschiede des Schadens-Versicherungsvertrages von den beiden letzteren werden also anscheinend in der Terminologie berücksichtigt. Warum heißt es bei dem Lebens-Versicherungsvertrage nicht analog der versicherten Sache, den versicherten Bodenerzeugnissen ganz einfach usw. die versicherten Personen, warum statt dessen so umständlich derjenige, auf dessen Person die Versicherung genommen ist? Und diese Umschreibung in einem Punkte, der wegen seiner mehr formalen Natur von untergeordneter Bedeutung zu sein scheint. Zunächst weil, wie gesagt, die wirtschaftliche Anschauung, welche in der versicherten Sache ihren Ausdruck findet, nicht unvermittelt zuläßt, in demselben Sinne von einer versicherten Person zu sprechen. Hauptsächlich aber, weil die großen Unterschiede zwischen Sach- und Personen - Versicherungsvertrag nach Unterscheidung in der Ausdrucksweise drängen, welche leider nur an äußerlich in die Augen springenden, im Grunde aber unerheblicheren Stellen getroffen worden ist.

Dieses Urteil findet, wenn nicht schon im früher Gesagten, seine Bestätigung in der vielgestaltigen Anwendung des Ausdrucks „Versicherungs"-Fall. Wir wollen hierauf etwas näher eingehen, weil er einen tieferen Einblick in die theoretische Grundauffassung des Entwurfes gestattet und zu den beiden anderen wichtigen Gruppen von Grund-„Begriffen" überführt, welche außer den um den Begriff: „Versicherungsvertrag" gescharten in Betracht kommen: zu dem Begriff der Gefahr und dem des Schadens bzw. Interesses.

X. Versicherungsfall.

Zunächst ist der Versicherungsfall im Entwurf einer der ruhenden Pole in der Versicherungs-Erscheinungen Flucht, er bedeutet etwas, was im Laufe der Zeit eintritt, über dessen Eintritt (§ 39) nach dessen Eintritt (§§ 1, 8, 9, 38, 56, 62, 63, 167, Abs. 2), vor dessen Eintritt (§ 7), bei dessen Eintritt (§§ 130 Abs. 2, 131, 1, Satz 2), zur Zeit dessen Eintritts (§§ 24 Abs. 2, 32, 50, 51, 52, 54, 69 Abs. 2), wegen dessen Eintritts (§ 133), mit dessen Eintritt (§ 166 Abs. 2), ein anderes versicherungsrechtlich Erhebliches geschieht, geschehen ist oder zu geschehen hat. Ein anderes versicherungsrechtlich Erhebliches gibt auch wieder den Zeitpunkt oder Zeitraum ab, nach welchem (§§ 21, 24, Abs. 1, 33 Abs. 1 Satz 2 a, b, 69 Abs. 1), oder vor welchem (§§ 2, 31 Abs. 1, 34 Abs. 2, 36) oder den Zeitraum ab, in dem oder während dessen (§§ 107, 132 Abs. 1 Satz 2), der Eintritt des Versicherungsfalles vertragsrechtlich bedeutsam werden oder auch alle Bedeutung (§§ 2, 34 Abs. 2, 36) verlieren kann. Alle diese Bestimmungen, so weit sie die Beziehungen des Eintritts des Versicherungsfalles zu anderen Zeitpunkten oder zu Zeiträumen regeln, sagen nichts darüber aus, was die Merkmale des eingetretenen Versicherungsfalles sind, so daß danach zu erkennen wäre, ob und wann der Versicherungsfall eingetreten ist. Hierüber geben schon einen besseren Aufschluß die Verpflichtungen und Berechtigungen, welche für den Berechtigten und den Versicherer mit der Kenntnis von seinem Eintritt entstehen (siehe außer den schon zitierten Paragraphen, §§ 37, 91 Abs. 1 und 2, 105 Abs. 1 und 2, 115 Abs. 1 und 2, 142, 161, 173 Satz 2 auch 59). Sie alle wollen besagen, daß der Versicherungsfall diejenige Tatsache ist, welche die Leistungspflicht des Versicherers vertraglich begründet. Deshalb ist es ein redaktioneller Schönheitsfehler, wenn die §§ 37, 161 eine Anzeige von dem Eintritt des Versicherungsfalles fordern. Nicht der Zeitpunkt des Eintritts, sondern die Tatsache des Versicherungsfalles selbst soll angezeigt werden, wie das auch in den anderen Stellen beachtet wird, freilich nur dort, wo von der Anzeigepflicht die Rede ist. Halten wir im Einklang mit dem vorangestellten Vorschriften des Entwurfes daran fest, daß der Eintritt des Versicherungsfalles nur einen Zeitpunkt bestimmt, so kann diese Tatsache, daß ein bestimmter Zeitpunkt gegeben ist, weder einen Schaden verursachen (§§ 1, 62, 135), noch eine Leistungspflicht begründen (§ 39), noch einen Gewinn entgehen lassen (§§ 39, 88, 89): Wird hier also überall richtiger von einem durch den Versicherungsfall verursachten Schaden usw. gesprochen, so ist zu erkennen, daß die rechtserhebliche Tatsache, welche die Leistungspflicht des Versicherers begründet, zugleich auch in ihrer wirtschaftlichen Bedeutung oder, wenn man will, in der naturgegebenen Bedeutung genommen wird, nämlich daß sie einen Vermögensschaden verursacht, einen Gewinn entgehen läßt. Und schließlich wird die Tatsache selbst wieder nicht bloß als Ursache eines Schadens, sondern auch als Wirkung einer Handlung angewendet. Es erscheint zu schwach, wenn der § 55 nur von Herbeiführen des Versicherungsfalles spricht, wenn er die Verursachung durch den

Versicherten meint, und es gibt zu Bedenken Anlaß, daß der Versicherer von seiner Leistung nicht frei werden soll, wenn er nachweist, daß der Versicherte in der Absicht, die Versicherungssumme zu erlangen, gehandelt hat. Fehlt diese Absicht nach den Umständen vollständig, dann brauchte man den Versicherten vielleicht auch nicht einmal für Vorsatz und grobe Fahrlässigkeit einstehen zu lassen. Hier kommen wieder die §§ 227ff. B.G.B. in Frage. Sollen sie etwa durch die Spezialvorschrift des § 55 aufgehoben werden?

In dieser Bestimmung klingt noch eine Nebenbedeutung des Wortes „Versicherungsfall" mit, welche an anderen Stellen, wenn man scharf hinsieht, mitgedacht zu sein scheint, jedenfalls nicht ausgeschlossen wird und jene vorhin besprochene Absicht im geheimen mit enthält. Der Entwurf sagt, den Versicherungsfall herbeiführen. Hätte er verursachen gesagt, so wäre kein Zweifel, daß nur die Tatsache in ihrer natürlichen Gegebenheit gemeint sein könnte. Herbeigeführt wird die Rechtsfolge einer Tatsache, die Leistungspflicht des Versicherers, mittels Verursachung der Tatsachen, welche sie begründen. Versicherungsfall hat hier die Nebenbedeutung der fällig gewordenen Leistungspflicht des Versicherers. Damit ist zugleich das Recht des Versicherten, die Leistung zu fordern, logisch gegeben und praktisch mitgedacht. Beide Nebenbedeutungen sind nirgend ausgesprochen, und doch erhält man erst ein volles Verständnis der Bestimmungen über den Versicherungsfall, wenn man sie in jedem einzelnen Falle hinzudenkt. Nur so kommt man um die unbestimmte und allzu umschreibende Ausdrucksweise hinweg, nur so ist es möglich, den eigentlichen Kern und Sinn der getroffenen Bestimmungen zu erfassen. Die vier dargestellten Bedeutungen des Wortes: „Versicherungsfalles" sind erforderlich, um die eine allein zutreffende Bedeutung nicht aussprechen und damit sich auf eine bestimmte Ansicht festlegen zu müssen.

Dies bestätigt eine Betrachtung des § 1 Abs. 1.

Zu Satz 1. Für den Schadensversicherungsvertrag, wie für den Personenversicherungsvertrag bleibt es zweifelhaft, wann die Verpflichtung des Versicherers entsteht. Der Versicherer ist in beiden Fällen verpflichtet, nach dem Eintritt des Versicherungsfalles eine Leistung zu bewirken. In welchem bestimmten Zeitpunkte er sie zu bewirken hat, wird nicht gesagt. Wird er nicht auf Grund des Vertrages zur Leistung mit dem Vorliegen des Versicherungsfalles verpflichtet? Und hat etwa „nach dem Eintreten des Versicherungsfalles" noch die Bedeutung: „nach Fälligkeit seiner Leistungspflicht"? Bezieht sich das Wort: „dadurch" doch vielleicht nur auf „Eintritt"? Soll also gemeint sein, daß die Verpflichtung nach ihrem Eintritt ihrem Umfange nach durch den Schaden begrenzt wird, welchen die in dem Wort: „Eintritt" mitgedachten Tatsachen verursacht haben?

Zu Satz 2. Werden alle diese Fragen bejaht, so bekommt der Satz 2 einen wunderschönen Sinn. Zunächst wird auch hier offen gelassen, in welchem bestimmten Zeitpunkte die Leistung bewirkt werden muß. Daß dies nach dem Eintritt des Versicherungsfalles geschehen soll, ist wohl keine genügende Zeitangabe. Hier fehlt aber naturgemäß die Begrenzung der Leistungspflicht auf den verursachten Schaden, vielmehr wird ausdrücklich erklärt, daß sie in dem ganzen vereinbarten Betrag besteht.

Diese notwendige verschiedene Behandlung der Hauptgruppen des Versicherungsvertrages hängt mit einem weiteren zusammen, das in den §§ 161, 167 seinen Ausdruck findet. Die Natur der Tatsachen, welche in ihrem Inbegriff den Versicherungsfall ausmachen, ist in beiden Fällen grundverschieden, wenn man sie in ihrem naturgeschichtlichen Sinne nimmt. Der Entwurf versucht nun eine Regelung der rechtlich verschiedenen Hauptverpflichtungen der Parteien auf der Grundlage dieser Tatsachen in ihrem verschiedenen naturgeschichtlichen Sinne und stellt eine solche Regelung an die Spitze des allgemeinen Teiles, in welchem das angeblich rechtlich Gemeinsame seine Stelle finden soll. In dem einen Falle muß der Versicherungsfall eintreten (§§ 167, 161), in dem anderen bei dem Schadensversicherungsvertrage ist es völlig ungewiß, ob das, was auch hier Versicherungsfall genannt wird, eintritt. Die beiden ganz verschiedenen Tatsachen, welche bei dem Personenversicherungsvertrage und welche bei dem Schadensversicherungsvertrage den Versicherungsfall ausmachen sollen, faßt der Entwurf nichtsdestoweniger unter demselben Ausdruck zusammen. Und die beiden ganz verschiedenen Bedeutungen des Wortes finden sich also in jeder einzelnen Stelle wieder, ohne je vereinigt werden zu können, ja stehen sich in den beiden Sätzen des § 1 Abs. 1 einträchtig gegenüber.

Hier müssen wir nun zu den obigen Nebenbedeutungen wieder unsere Zuflucht nehmen, um das Gemeinschaftliche bei den verschiedenen Tatsachen herauszufinden und das darzustellen, was an der Vereinigung unter demselben Ausdruck berechtigt erscheint.

Der Versicherungsfall als Rechtsausdruck ist selbst keine Tatsache, sondern der Rechtsbegriff, unter den der Inbegriff von Tatsachen (Tatbestand) subsumiert wird, welcher vorliegendenfalls die beziehentlichen Rechte und Pflichten der Parteien auf die Leistung des Versicherers unter Berücksichtigung aller vertraglichen und gesetzlichen Voraussetzungen wirksam macht. „Der Versicherungsfall ist eingetreten" will sagen: Die Leistung des Versicherers ist fällig, es sind alle die Vereinbarungen in ihrer Wirksamkeit weggefallen, welche die Geltendmachung des durch den Vertrag begründeten Anspruches des Versicherten auf seine Leistung aufschoben. Der Inbegriff all der Tatsachen, welche den Wegfall dieser Vereinbarungen beweisen, in ihrer rechtlichen Zusammenfassung ist der Tatbestand des Versicherungsfalles. In diesem Sinne kann man nun bei Schadens- und Personenversicherungsvertrag gemeinschaftlich von einem Versicherungsfall sprechen. Aber dieser Versicherungsfall vermag nichts in dem wirklichen Verlauf der Dinge zu verursachen, weil er nur ein gedankliches Gebilde ist, er vermag auch, streng genommen, gar nicht einzutreten, denn er wird erst aus eingetretenen Tatsachen logisch abgeleitet. Er liegt eben einfach vor, wenn entsprechende Tatsachen gegeben sind, und setzt voraus, daß ein Schaden oder Tod oder Unfall einer Person eingetreten ist, den der Versicherungsvertrag umfaßt. Daß der Versicherungsvertrag den Schaden, Tod oder Unfall umfaßt, hat der nachzuweisen, welcher Rechte aus dem Vertrage geltend macht. Ist dieser Nachweis erbracht, so ist der Versicherungsfall festgestellt, d. h. der Versicherer ist auf Grund des Vertrages zur Leistung verpflichtet.

Hier tritt wieder die Aufgabe, welche der Gesetzgebung gestellt ist, zutage: Aus den Tatsachen, welche die Versicherung betreffen, und die teils wirtschaftliche, teils naturgeschichtliche, teils psychische sind, durch Normierung von Rechtsfolgen die erheblichen rechtlich herauszuheben, die Rechtsfolgen zu Begriffen zu gestalten und (oder doch) in einheitlicher bestimmter Rechtsregelung zu ordnen. Rechtlich erheblich sind die Beziehungen in jenen Tatsachen aber und nur dann, wenn sie eine Einigung der Parteien über eine regelmäßig ihre Haftung betreffende Rechtsfolge enthalten, entweder so, daß die Haftung sich aus den der Einigung zugrunde liegenden Tatsachen erschließen läßt, oder so, daß die letztere die Haftung selbst unmittelbar zum Gegenstande hat, und wenn das Gesetz aus rechtspolitischen oder juristischen Gründen die zu regelnden vertraglichen Abmachungen durch seine Rechtsvorschriften ergänzen will. Die Versicherung gehört zu gleicher Zeit den verschiedensten Wissensgebieten an: der Nationalökonomie, der Psychologie nebst Ethik, der Politik, der Naturwissenschaft und dem Recht. Eine gesonderte Terminologie hat sich für keines dieser Gebiete herausgebildet. Vielmehr werden die auf die Versicherung sich beziehenden Ausdrücke überall gleich gebraucht. Und doch bedeuten sie immer etwas anderes. Damit ist die Aufgabe für die Gesetzgebung auf dem Gebiete des Versicherungsvertragsrechtes eine überaus schwierige geworden. Sie kann sich ihre Rechtsausdrücke selbst prägen und darf keinen Zweifel lassen, daß sie mittels Rechtsbegriffen Rechtsregeln aufstellt und keine mehr oder weniger zwingende Anweisung zur richtigen Wirtschaftsgestaltung geben will.

Der Entwurf steht, wie wir gesehen haben, nicht ganz auf dem ersten und nicht ganz auf dem zweiten Standpunkte. Er möchte Rechtsvorschriften geben, die Hauptverpflichtungen regeln, ohne ihre begrifflichen Voraussetzungen, gleichsam ihren begrifflichen Mechanismus klar stellen zu wollen, ohne also zu bedenken, daß die Verpflichtungen ihre rechtliche Existenz nur durch die Begriffe haben, sich also gar nicht formulieren lassen ohne Anwendung von Rechtsbegriffen. Wird deren Klarstellung vermieden, so lassen sich auch die aus ihnen erst sich ergebenden Verpflichtungen nicht eindeutig bestimmen. Umgekehrt sind letztere klar bestimmt, so enthalten sie und setzen sie voraus, ganz bestimmte Rechtsbegriffe oder doch Vorstellungen, welche als solche gedacht sind.

Suchen wir diesen nachzugehen, so zeigt sich, daß der Ausdruck Versicherungsfall noch einige geheime Nebenbedeutungen hat, die bisher nicht erörtert wurden, und die nun den Weg zu den weiter vorkommenden Grundbegriffen eröffnen. Die Tatsache, welche bei ihrem Eintritt die Pflicht des Versicherers zur Leistung herbeiführt, hat vor ihrem Eintritt regelmäßig die Eigenschaft, daß ihr Eintritt zweifelhaft ist und als möglich, aber nicht gewiß auch von den Parteien gedacht gewesen ist, und nach ihrem Eintritt regelmäßig die, daß sie eine nachteilige Vermögensänderung bei dem bewirkt, bei welchem sie eingetreten ist (Versicherten), und bei dem, welcher den Ersatz zu leisten hat (Versicherer). Im ersten Falle sprechen wir von Gefahr, im zweiten von Schaden. Hiernach wäre also der Versicherungsfall vom Standpunkt des Vertragsabschlusses die Versicherungsgefahr, von dem der Vertragsabwicklung der Versicherungsschaden. Beide wieder setzen psychologisch Versicherungsinteresse voraus. Wir sehen, der Ausdruck Versicherungsfall umfaßt alle nach der überkommenen Lehre versicherungsvertragsrechtlich bedeutsamen Begriffe ungeschieden in sich, ist aber letzten Endes nichts als diese Zusammenfassung, bedeutet für sich also nichts. Seine Anwendung ist ein Hinweis auf die theoretische Grundauffassung des Entwurfes. Diese aber wird sich weiter aus einer näheren Betrachtung der Ausdrücke: Gefahr, Schaden, Interesse, ergeben.

II. Teil.

Der Gefahrbegriff im Entwurf.

I. Im allgemeinen.

Auch hier müssen wir die unseren Ausführungen zugrunde liegenden beiden Sätze an die Spitze stellen: Ein Ausdruck darf nicht verschiedene Bedeutungen haben. Die Bedeutung, welche er hat, muß, ob ausgesprochen oder nicht, klar und eindeutig sein.

Der Gefahrbegriff des Versicherungsvertrages ist ein anderer als der, welcher bei anderen Verträgen vorkommt. Es unterliegt schon Bedenken, wenn er in beiden Fällen ohne Unterschied angewendet würde, wenn es also im Entwurf zwecks Unterscheidung von dem anderwärts üblichem Begriff nicht statt Gefahr vielleicht Versicherungsgefahr heißt. Störend ist es aber, wenn der Entwurf den Ausdruck in beiden Bedeutungen gebraucht, wie § 29 beweist. Hier wird, an und für sich unangreifbar, die Gefahr in jenem allgemeinen Sinne (auf seine Gefahr und Kosten) angewendet. Überall sonst versteht der Entwurf unter Gefahr die spezifische Versicherungsgefahr. Wie nun wird dieser Ausdruck im einzelnen angewendet?

Was den Entwurf anlangt, so spricht er von der Übernahme der Gefahr durch den Versicherer in den §§ 14 Abs. 1 und 35 Abs. 1, in welch letzterem Paragraph auch von einer „höheren Gefahr" die Rede ist; in einem anderen ähnlichen Bilde wird davon gesprochen, daß der Versicherer eine Gefahr trägt (§§ 121 Abs. 1 und 2, 126, 136), und weiter, daß nicht für diese von ihm zu tragende Gefahr (häufig auch nur zu ergänzen, nicht ausdrücklich gesagt) etwas, ein Umstand von Erheblichkeit sei oder nicht (auch erheblich sei oder nicht) — §§ 14, 16, 17 (auch 25), 35 Abs. 1, 136, 153. Ein Gefahrumstand — über diesen zusammengesetzten Ausdruck siehe die zitierten Paragraphen und ersten Abschnitt, Überschrift des zweiten Titels — ist regelmäßig dann erheblich, wenn er eine Erhöhung der Gefahr mit sich bringt. Von der Erhöhung der Gefahr nach dem Vertragsabschlusse, also nach der Übernahme der Gefahr durch den Versicherer sprechen die §§ 19—25, 27, 132, 153 Art. 4 Ziff. 3 in folgenden Wendungen: Sie ist vorgenommen durch den Versicherten oder einem Dritten (§ 19), sie hat keinen Einfluß auf den Eintritt des Versicherungsfalles oder den Umfang der dem Versicherer obliegenden Leistung (§ 21), der Versicherte ist zu ihr veranlaßt worden (§ 22), sie tritt unabhängig von dem Willen des Versicherten ein (§§ 23 und 132), sie ist dem Versicherer bekannt (§ 24), sie beruht auf der Änderung eines Umstandes (§§ 25, 153), Anzeigen, die nach der Erhöhung einer Gefahr zu machen sind (§§ 27, 132), können nicht mehr geltend gemacht werden (§ 153 Abs. 2).

Schließlich kennt der Entwurf noch ein Versichern gegen dieselbe Gefahr (§§ 53 Abs. 1 und 54) und, im Anschluß an den Sprachgebrauch, die Versicherung gegen die Gefahren der Beförderung usw. (§§ 121, 125, 126, 134—136, 178 Ziff. 3). Bei den einzelnen Versicherungsvertragsarten wird mit Ausnahme des Transportversicherungsvertrages von Gefahren nicht ausdrücklich gesprochen, aber die bei jeder einzeln in Betracht kommenden Versicherungsgefahr — Brand, Hagelschlag, Tod des Tieres, Haftpflicht, Tod des Menschen, Unfall — stillschweigend als solche vorausgesetzt, wie sich aus dem Zusammenhang der besonderen Vorschriften ergibt.

Aus dieser Aufzählung geht schon im allgemeinen hervor, daß der Gefahrbegriff in seiner Bedeutung wechselt, daß bald das in ihm enthaltene rechtliche Moment, bald das naturgeschichtliche gemeint wird, und schließlich, daß seine logische Bedeutung für den Vertrag von der kausalen Betrachtung der ihn konstituierenden Tatsachen nicht geschieden wird.

Von einer Gefahr im zivilrechtlichen Sinne kann nur in Beziehung auf die geldwerten Rechte und Pflichten einer Person gesprochen werden, nämlich dann, wenn durch bestimmte Tatsachen die Möglichkeit gegeben wird, daß ihr Vermögen ein Schaden trifft. Wird nun von der Übernahme oder dem Tragen der Gefahr gesprochen, so will das heißen: Der Träger hat den Schaden zu ersetzen, welcher aus einem bestimmten Ereignis das Vermögen dessen trifft, für welchen er eben die Gefahr übernommen hat. Auf den Versicherungsvertrag angewandt ist ersichtlich, daß zwei verschiedene Inhalte des Ausdrucks vorliegen: Einmal wird der Inbegriff von Tatsachen, welche die Schadensmöglichkeit in sich schließt, als gefährlich, d. h. möglicherweise Schaden wirkend für das Vermögen des Versicherten aufgefaßt, das andere Mal als gefährlich für das Vermögen des Versicherers, der mit der Übernahme der fremden Gefahr diese dem anderen rechtlich abnimmt, als seine eigene trägt. Die Gefahr eines anderen übernehmen heißt also eine Verpflichtung eingehen, nach welcher man den Schaden ersetzen will, welcher durch bestimmte Ereignisse möglicherweise bewirkt wird. Es ist klar, daß man die Schadensmöglichkeit in ihrer tatsächlichen

Gestaltung nicht übernehmen kann, weil sie als solche wirklich nur für das Vermögen des Versicherten besteht. Die Übernahme durch den Versicherer bedeutet die Bestellung eines seinem Umfange entsprechenden Forderungsrechtes für den Versicherten und eine Belastung des eigenen Vermögens dadurch. In rechtlichem Sinne gibt es daher nach Übernahme nur noch eine Gefahr für das Vermögen des Versicherers, das ist die Möglichkeit, daß die unter bestimmten Voraussetzungen eingegangene Leistungspflicht bei Eintritt der Ereignisse fällig wird. Diese Möglichkeit wird getragen, indem der Versicherer jene Verpflichtung eingeht, die Gefahrübernahme durch den Versicherer ist also rechtlich das Eingehen einer bestimmt gearteten Verpflichtung. Die eingegangene Verpflichtung ist die rechtliche Erscheinung der übernommenen Gefahr.

Diese juristische Auffassung muß noch erweitert werden für eine andere im Entwurf angeführte Bedeutung des Ausdrucks „Gefahr". Die Schadensmöglichkeit ist eine Vorstellung, ein aus bestimmten Naturtatsachen abgeleiteter Schluß auf deren Schadenswirkung, daß sie nämlich nach Lebens- und wissenschaftlicher Erfahrung eintreten könne. Aus jenen Tatsachen, „Umstände" sagt der Entwurf, kann sich ein höherer oder niedrigerer Grad der Möglichkeit des Eintritts einer Schadenswirkung annehmen lassen. Nicht bloß die Grade der Möglichkeit, sondern der mögliche Umfang des Schadens werden bei der Versicherungsgefahr mitgedacht. Der Versicherungsvertrag soll nach dem Entwurf beides umfassen; ein Umstand ist dann rechtlich erheblich, wenn er für beide in Betracht kommt. Die von dem Versicherer eingegangene Leistungspflicht als rechtliche Erscheinung der Gefahr besteht also aus zwei rechtlichen Elementen. Sie ist abhängig dem Grunde nach von dem Wirklich-werden der Schadensmöglichkeit, sie ist abhängig ihrer Höhe nach von den durch den eingetretenen Schaden verursachten, vermögensrechtlichen Wirkungen. Wie diese Abhängigkeit rechtlich zu konstruieren ist, als Bedingung, Befristung, oder etwa in anderer Weise, steht hier nicht zur Erörterung.

Von Gefahr spricht der Entwurf ausdrücklich oder stillschweigend bei allen Versicherungsvertragsarten. Bei allen gibt es demnach Schadensmöglichkeit, bei allen müßte folgeweise die Leistungspflicht ihrem Umfange nach von den Schadenswirkungen begrenzt werden. Daß dies für den Lebensversicherungsvertrag nicht gilt, glaube ich, früher im einzelnen in der Zeitschrift für die gesamte Versicherungswissenschaft nachgewiesen zu haben, erkennt auch der Entwurf an.

Es ergibt sich, daß dort, wo der Entwurf von der Übernahme oder dem Tragen der Gefahr spricht, Übernahme der Leistungspflicht bzw. übernommene Leistungspflicht zu setzen sein dürfte. Für letztere, aber auch nur in Beziehung auf sie, können Umstände und deren Veränderung erheblich sein. Ist es also nicht ganz scharf, von der Übernahme der Gefahr zu sprechen, so ist zweifelhaft, was Gefahrumstände eigentlich sind oder sein sollen.

II. Gefahrumstände.

Als anzeigepflichtige „Gefahrumstände“ gelten alle, welche für die Übernahme der Gefahr erheblich sind, also alle, welche für den Versicherer die Grundlage bilden bei Übernahme seiner Leistungspflicht gegen Entgelt. Gefahrumstände sind also in erster Linie Tatsachen und zwar solche, welche auf den Eintritt einer anderen speziellen, der eigentlichen Gefahrtatsache, des unter Versicherung gebrachten Ereignisses hinzuwirken geeignet sind. Ihre Erheblichkeit bezieht sich also unmittelbar nur auf den Eintritt der Schadensmöglichkeit und den Umfang der Schadenswirkung; erst mittelbar auf die Leistungspflicht, die rechtlich an deren Stelle tritt. Mit Rücksicht auf diese tatsächliche und rechtliche Bedeutung wäre also der Ausdruck „Gefahrumstände“ zu vermeiden oder doch durchgehends in tatsächlichem Sinne anzuwenden. Der Entwurf nimmt ihn, da er nur von ihm in seiner rechtlichen Erheblichkeit redet, in rechtlichem Sinne, während er sprachlich mehr, vielleicht ganz im versicherungstechnischen oder tatsächlichen Geiste zu verstehen ist. Die Richtigkeit der letzteren Bemerkung folgt auch aus der Regelung der Gefahrerhöhung.

III. Gefahrerhöhung.

1. In rechtlichem Sinne kann von einer solchen überhaupt nicht gesprochen werden. Der Versicherer hat nur eine auf

einen bestimmten Schaden sich beziehende, auf bestimmt angegebene Umstände gegründete Leistungspflicht übernommen. Verändern sich die Umstände, vergrößert sich der vertraglich festgelegte Grad der Möglichkeit des Schadenseintrittes, so liegt nicht mehr der gleiche Gegenstand des Versicherungsvertrages vor, vielmehr ein solcher, welcher von dem Vertrage nicht gedeckt wird.

Was ist nun Erhöhung der Gefahr im Sinne des Entwurfes? Der § 25 enthält sicherlich keine Definition, sondern setzt sie voraus. Eine Erhöhung der Gefahr kann in einer Vergrößerung des Umfanges der Schadenswirkungen, wie in der Steigerung der Schadensmöglichkeit erblickt werden.

Wird Gefahr gleich Schadenswirkung gesetzt, so würde die Erhöhung der Schadenswirkung sich nur auf deren Umfang beziehen können. Dies kann wieder so gedacht werden, daß die Wirkungen des Schaden verursachenden Ereignisses bei oder nach dessen Wirksamwerden vorsätzlich oder fahrlässig vergrößert werden, wovon in anderem Zusammenhange gehandelt werden wird, oder so, daß die Gegenstände, an welchen der Schaden eintreten kann, sich in ihrem Werte erhöhen. Eine Werterhöhung des Schadensobjektes vor oder bei Eintritt des „Versicherungsfalles" hat für den abgeschlossenen Versicherungsvertrag, insbesondere die Leistungspflicht des Versicherers, insofern keine „erhöhende" rechtliche Bedeutung, als die Leistungspflicht in dem Vertrage ja genau bestimmt ist, und durch eine Werterhöhung des Schadensobjektes eher verringert, als vergrößert wird, da der Versicherte für den die Versicherungssumme übersteigenden Wert als sogenannter Selbstversicherer anzusehen ist. Dieser Fall hat ja auch in dem sogenannten Unterversicherungsvertrage seine besondere rechtliche Regelung gefunden, kommt also hier weiter nicht in Frage. Wird Gefahr gleich Schadensmöglichkeit gesetzt, so kann diese nur mittelbar durch Tatsachen erhöht werden, da die Möglichkeit selbst keine in der äußeren Wirklichkeit gegebene Tatsache ist, und solche Tatsachen immer nur wieder auf Tatsachen wirken können. Das will sagen: auf Grund des Eintrittes und Wirkens bestimmter neuer Tatsachen zu schon vorhanden gewesenen kann auf einen höheren Grad der Möglichkeit des Schadenseintrittes g e s c h l o s s e n werden. Bei der Erhöhung der Schadensmöglichkeit handelt es sich um einen Schluß, um ein logisches und mathematisches Verfahren. Dieser Sinn wird in den einschlägigen Paragraphen nicht geschieden von dem, daß unter Erhöhung der Gefahr der Zustand und Inbegriff von Umständen selbst gemeint ist, welcher im Zusammenhang mit dem dem Vertrage zugrunde liegenden Tatsachenkomplex durch die Vornahme bestimmter Handlungen, die Herbeiführung bestimmter Tatsachen neu gesetzt wird. Die Handlungen bzw. Tatsachen sind derart, daß sie nach dem Willen des Versicherten oder eines Dritten mit seiner Einwilligung Handelnden und objektiv geeignet sind, einen Schluß auf den früheren Eintritt der Schadensmöglichkeit zu begründen und damit die Wahrscheinlichkeitsgrundlage des Vertrages zu ungunsten des Versicherers zu verändern. Aus dieser Erörterung über die Doppelbedeutung des Ausdruckes „Erhöhung der Gefahr" geht hervor, welche Schwierigkeiten die §§ 19 ff. des Entwurfes der Auslegung machen dürften.

a) Vom Standpunkt des Entwurfes aus ist Erhöhung der Gefahr in rechtlichem Sinne eine logisch und rechnerisch feststellbare Veränderung einer gegebenen die Vertragsgrundlage bildenden Möglichkeitsgröße zu einem höherem Grade der Möglichkeit (Wahrscheinlichkeit) des Schadenseintrittes. Ihre Vornahme durch den Versicherten oder einen Dritten kann in § 19 nicht gemeint sein, weil eben eine Veränderung des Möglichkeitsgrades nicht dem Reich der Tatsachen angehört, mit denen etwas „vorzunehmen" ist.

b) Unter „Vornahme" einer Erhöhung der Gefahr ist im unjuristischen Sinne des Entwurfes eine Vermehrung der Gefahrumstände zu verstehen. Diese Vermehrung kann ohne Bewußtsein von der Erhöhung der Gefahr im Sinne von a) vorgenommen sein. Es fragt sich, ob die logischen Folgerungen aus den veränderten Umständen für die Steigerung des Möglichkeitsgrades des Schadenseintrittes bei oder nach der „Vornahme" gezogen sein, ob also die Gefahrumstände mit dem Willen vermehrt worden sein müssen, die Wahrscheinlichkeitsgrundlagen des Vertrages zu ungunsten des Versicherers zu verändern. Wie wenn ein Versuch mit untauglichen Mitteln oder an untauglichen Objekten gemacht wird?

2. Die hier dargelegte Unterscheidung der beiden Bedeutungen des Ausdruckes „Gefahrerhöhung" scheint im § 25

Abs. 1 des Entwurfes Beachtung gefunden zu haben. Die Gefahrerhöhung beruht in der Tat auf einer Änderung der Gefahrumstände, sie ist eine Funktion dieser Änderung. Eine Änderung kann vorgenommen werden, nicht aber die Erhöhung, welche sich erst aus ihr ergibt. Es ist also zum mindesten unscharf gedacht und unpräzise formuliert, wenn von Vornahme der Erhöhung der Gefahr gesprochen wird. Diese Unschärfe ist vom Standpunkt des Entwurfes aus verständlich: Aus allen den gewollt und ungewollt eintretenden Änderungen der Gefahrumstände sind diejenigen allein rechtlich erheblich, welche die mathematischen und entsprechenden versicherungstechnisch-ökonomischen Grundlagen des abgeschlossenen Vertrages zu ungunsten des Versicherers verändern.

Die Regelung hätte nun von den letzteren Gesichtspunkten aus so erfolgen können, daß man vorwiegend von dem Willen der Parteien mit Rücksicht auf die Vertragstreue, welche sie sich schuldig sind, ausging, oder auch so, daß man den in der äußeren Wirklichkeit faßbaren, der beschriebenen Versicherungsgefahr ausgesetzten Gegenstand des Vertrages als das Substrat der Gefahrumstände vorwiegend in seinen objektiven Veränderungen zugrunde legte; schließlich eröffnete sich auch eine Kombination beider Möglichkeiten und zwar so, daß sie sich paraller zueinander verhielten oder so, daß sie miteinander unter stärkerer oder schwächerer Betonung des objektiven oder subjektiven Prinzipes verbunden wurden. Die vier bzw. fünf Fälle würden auf ihre vertraglichen Elemente zu untersuchen sein. Letztere liegen meines Erachtens einzig in dem Willen der Parteien, den in ihrer Übereinstimmung mitgesetzten oder aus ihrer Nichtübereinstimmung sich ergebenden gegenseitigen Rechten und Pflichten. Der Entwurf läßt kein bestimmtes Prinzip erkennen. Er berücksichtigt in eklektischer Weise alle vier bzw. fünf Fälle. Er stellt die Änderungen der Gefahrumstände, welche vom Willen des Versicherten abhängig sind, denen gegenüber, die von seinem Willen unabhängig sind, und unterscheidet wieder in merkwürdig objektivierender und systematischer Weise für beide Fälle einen schuldhaften Willen von einem Willen ohne Verschulden, findet aber in anscheinend allzugroßer Aufmerksamkeit auf die versicherungstechnischen Grundlagen des Vertrages nicht den richtigen Weg, die beiden objektiv freilich verschiedenen Fälle als ihrer rechtlichen Natur nach gleiche Gegenstände der rechtlich allein erheblichen Willensgrundlagen des Vertrages einheitlich zu regeln.

Denn es muß auch hier auseinandergehalten werden, was die Quelle so vieler Fehler in der Wissenschaft, Rechtsprechung und Gesetzgebung bezüglich des Versicherungsvertrages ist: das Reich der Kausalität von dem Reiche der immer nur formalen Rechtsregelungen. Beide Gebiete sind terminologisch streng voneinander zu scheiden, denn nur so lassen sich die zwischen ihnen bestehenden rechtlichen Beziehungen rechtlich erfassen.

Von dem Wirklichkeitscharakter der aufeinander wirkenden Tatsachen muß abgesehen werden, wenn sie in die Welt formallogischer Rechtsvorschriften aufgenommen werden sollen. Hier interessiert nicht mehr die Kausalität als solche, sondern nur als Voraussetzung von Rechtsfolgen, als Untersatz für die von der Rechtsordnung aufgestellten Rechte und Pflichten. Und nur in Beziehung zu den Rechtsfolgen wird in den Rechtsvorschriften über jene Kausalität etwas ausgesagt. Dieses gilt aber nicht bloß für die Gefahrerhöhung, die unabhängig von dem Willen des Versicherten, sondern auch für die, welche abhängig von seinem Willen eintritt. In beiden Fällen interessiert juristisch nicht die Unterschiedenheit in der Kausalität der Tatsachen, sondern die Einheitlichkeit in deren Rechtsfolgen. Im einzelnen ergibt sich:

3. a) § 19 und Abs. 1 von § 21 müssen zu einer Vorschrift zusammengezogen werden. § 19 allein schwebt völlig in der Luft. Zunächst verwirrt seine unpräzise Fassung. Er mußte mindestens nach obigem lauten: . . . darf nicht . . . eine solche Änderung der Gefahrumstände vornehmen oder durch einen Dritten vornehmen lassen, daß sich aus der Änderung eine Erhöhung der Gefahr ergibt. Aber warum soll der Versicherte dies nicht dürfen? Welches . . . öffentlichrechtliche Interesse besteht an einem solchen anscheinend den Strafrechtsnormen nachgebildeten Polizeiverbote? Bezieht sich die Vorschrift auf die Vertragspflichten und -rechte der Parteien — anders hat sie keinen Sinn — dann muß diese Beziehung unmittelbar und deutlich in ihr hervortreten. Dies geschähe, wenn § 19 mit Abs. 1 von § 21 etwa wie folgt zu-

sammengefaßt würde: **Nimmt der Versicherte nach Abschluß des Vertrages eine Änderung der Gefahrumstände vor oder gestattet er die Vornahme durch einen Dritten, so kann der Versicherer, wenn aus der Änderung eine Erhöhung der Gefahr sich ergibt und nach der Erhöhung der Gefahr der Versicherungsfall eintritt, die Erfüllung seiner Leistungspflicht verweigern.**

Die letztere Wendung von der Befugnis zur Leistungsverweigerung an dieser Stelle, wie auch an vielen anderen ist in Beziehung auf den vorher erwähnten Eintritt des Versicherungsfalles richtiger, als der Ausdruck „Befreiung von der Leistungspflicht", weil der Eintritt des Versicherungsfalles mit Fälligkeit der Leistung identisch ist und die Befreiung von der letzteren den Anschein erweckt, als ob ein Anspruch nicht entstanden, die Leistung nicht fällig geworden wäre, während die Befugnis zur Verweigerung sehr wohl mit dem fällig gewordenen Anspruch auf Leistung vereinbar ist. Es sprechen auch noch andere naheliegende, insbesondere rechtspolitische Erwägungen für eine etwa der Verjährung nachgebildete Fassung und Konstruktion.

b) Auch in der eben formulierten Fassung treten die oben erwähnten Schwierigkeiten hervor. Die Änderung der Gefahrumstände braucht weder objektiv noch weniger aber subjektiv mit der Erhöhung der Gefahr in dem dargelegten Sinne zusammenzufallen. Rechtserheblich ist aber nur die Erhöhung der Gefahr, unerheblich ihre tatsächliche Grundlage, die Änderung der Gefahrumstände oder doch nur soweit erheblich, als aus ihr ein Schluß auf die Erhöhung der Gefahr möglich wird. Der Entwurf führt die Unterscheidung der Änderung der Gefahrumstände und der darauf beruhenden Erhöhung der Gefahr nicht durch; er denkt bei letzterem Ausdruck den ersteren mit, so daß für ihn die Änderung der Gefahrumstände immer nur als gefahrerhöhende in Betracht kommt oder besser, daß die Gefahrerhöhung immer einen auf sie gerichteten, durch Änderung von geeigneten Gefahrumständen sich betätigenden Willen voraussetzt oder sich ganz unabhängig von letzterem einstellt, aber auch in diesem Fall schließlich wieder an den Willen geknüpft wird, um rechtserheblich zu werden. Dieses Willensprinzip hat eine merkwürdig widerspruchsvolle Regelung gefunden, indem es die Schwierigkeit des Verhältnisses von Verschulden und Gefahrerhöhung von dem Standpunkte beider Parteien, des Versicherers und des Versicherten, also doppelt zu regeln suchte.

Die Verletzung des § 19 setzt ein Verschulden des Versicherten voraus. Dies ergibt sich aus der Fassung („Verletzung"), aus Satz 2 Abs. 1 § 20, wie argumento e contrario aus § 21 Abs. 2 Satz 1, schließlich auch aus § 23. Will der Versicherer das Recht aus Abs. 1 der §§ 20, 21 geltend machen, so muß er eine Verletzung des § 19 und damit auch ein Verschulden des Versicherten nachweisen. Kann er diesen Beweis nicht führen, so vermag er die ihm dort gewährten Ansprüche nicht zu begründen. Er hat also dann weder ein besonderes Kündigungsrecht, noch wird er von der Verpflichtung zur Leistung frei. Werden diese Rechte an die Voraussetzung des Verschuldens des Versicherten geknüpft, so besitzt der Versicherer sie naturgemäß nicht, wenn die Voraussetzung nicht gegeben ist. Demgegenüber verwirren die Bestimmungen der § 20 Abs. 1 Satz 2 und § 21 Abs. 2 Satz 1, weil sie die Beweislast im Widerspruch mit dem Regelfalle festsetzen. Nach ihnen hat der Versicherte die Beweislast für sein Nichtverschulden. Das versteht sich von selbst, wenn der Versicherer sein Verschulden beweisen muß. Soll letzterem nun mit jenen Vorschriften dieser Beweis erlassen werden? Soll er sich einfach auf die objektiv gegebene Gefahrerhöhung berufen können? Warum dann aber die Unterscheidung der unabhängig und abhängig vom Willen des Versicherten eintretenden Gefahrerhöhung? Und warum wird dann von einer Verletzung des § 19 gesprochen? Offenbar unterscheidet der Entwurf eine Verletzung, die mit Willen und Wissen, sowie Wissenmüssen von der gefahrerhöhenden Bedeutung der Vornahme einer Änderung der Gefahrumstände und eine solche, die mit Willen die Änderung vornimmt oder vornehmen läßt, aber ohne Wissen und Wissenmüssen von deren gefahrerhöhender Bedeutung. Wäre das eben Dargelegte unrichtig, hätte der Versicherer nicht das Verschulden, sondern nur die willentliche Vornahme der Gefahrerhöhung zu beweisen, so zeigt sich nach obigem die Unzulänglichkeit der objektivierenden Unterscheidung von vom Willen des Versicherten abhängiger und unabhängiger Gefahrerhöhung und die Erforderlichkeit der hier vertretenen Unterscheidung von Änderung der Gefahrumstände und Erhöhung des Grades der Schadensmöglichkeit.

4. a) Denn, wie wir sahen, gibt es überhaupt gar keine „Vornahme" der Gefahrerhöhung. Der Nachweis der Willenslichkeit muß sich notwendig auf den Nachweis einer absichtlichen Änderung von Gefahrumständen erstrecken und zwar solchen, welche einen Schluß auf das Wissen von deren gefahrerhöhender Bedeutung ermöglichen. Anderenfalls läge keine Abhängigkeit der Gefahrerhöhung von dem Willen des Versicherten und somit auch keine Verletzung der Vorschrift des § 19 vor. Dies hat auch seinen guten Grund in der Erwägung, daß letzten Endes das Verschulden des Versicherten überhaupt nicht in der Änderung der Gefahrumständen und der darauf beruhenden Gefahrerhöhung besteht, sondern in der Unterlassung sofortiger Benachrichtigung des Versicherers, verbunden mit der Unterlassung des Angebots der Zahlung höherer, der sogenannten höheren Gefahr entsprechender Prämien. Die Rechtsordnung kann, wenn kein öffentliches Interesse vorliegt, wie gesagt, gar kein Gebot aufstellen, die Gefahrumstände nicht zu verändern, oder gar die Änderung von der Einwilligung des Versicherers abhängig machen: sie kann nur die Pflicht statuieren, diesem von der Änderung rechtzeitig Mitteilung zu machen, und an die Verletzung dieser Pflicht Rechtsnachteile knüpfen. Diese Pflicht ist nun ihrer rechtlichen Natur nach ganz die gleiche, mag die Gefahrerhöhung von dem Willen des Versicherten abhängig sein oder nicht; sie hat ihren letzten Grund in der Vertragstreue, die der Versicherte dem Versicherer schuldig ist, und ist nichts anderes, als ein Teil der nach Abschluß des Vertrages weiterbestehenden Anzeigepflicht des Versicherten. Eine Bestätigung dieser Konstruktion ergibt sich übrigens auch aus § 153 Abs. 2 Satz 2 des Entwurfes. Die Verletzung dieser nach Abschluß des Vertrages bestehenden Pflicht, die Erhöhung der Gefahr anzuzeigen, ist analog der Anzeigepflicht bei Abschluß des Vertrages zu behandeln unter Berücksichtigung des aus § 25 Abs. 1 ersichtlichen Unterschiedes der Fortdauer von der Begründung des Versicherungsvertrages.

b) Dabei ist noch besonders zu beachten, daß, wie anfangs dargestellt, der Vertrag eine ganz bestimmte Schadensmöglichkeit zur Grundlage hat. Wird diese Schadensmöglichkeit erheblich verändert, so liegt beim Eintritt des Schadens eben eine andere Schadensmöglichkeit vor, als die, welche Gegenstand des Vertrages gewesen ist. Der bei Bestehen der anderen Schadensmöglichkeit eingetretene Schaden ist auch ein anderer als der, welcher beim Abschluß des Versicherungsvertrages dessen Gegenstand ausmachte. Das heißt, es ist bei veränderter Schadensmöglichkeit ein anderer Schaden eingetreten, als der „versicherte,“ der eingetretene Schaden fällt nicht unter den abgeschlossenen Versicherungsvertrag. Der Versicherer ist in diesem Falle nicht zur Leistung verpflichtet, kann sie jedenfalls mit Hinweis auf die veränderten Umstände als nicht vertragsgemäß verweigern. Da die Veränderung der Schadensmöglichkeit sich aus Handlungen des Versicherten selbst oder aus Tatsachen ergibt, welche die Person oder Sache des Versicherten betreffen, so sollte dieser zur Kenntnisnahme, Anzeige der Veränderung an den Versicherer verpflichtet werden. Freilich ist es nicht erforderlich, eine solche Verpflichtung auszusprechen. Es genügt, wenn man jenes individualisierende Moment des Versicherungsvertrages hervorhebt.

Aus unseren Ausführungen ergibt sich zunächst, daß wenigstens den Bestimmungen des Halbsatzes 2 von Satz 2 des Abs. 2 der §§ 21 und 24 entsprechend dem Versicherer ein Recht auf höhere Prämien und folglich auch die Aufrechnungsbefugnis mit diesen zuzubilligen ist. Weiter aber ergibt sich vom Standpunkt des Entwurfes aus, dem wir uns vorläufig, auch noch bei der Fassung des folgenden Vorschlages anschließen, daß die Bestimmungen der §§ 19—24 unter Berücksichtigung des Dargelegten, wie folgt, zusammengefaßt werden könnten:

Die Leistungspflicht des Versicherers wird fällig beim Eintritt der im Vertrage bezeichneten Gefahr. Die Erhöhung der Gefahr berechtigt den Versicherer zur Verweigerung seiner Leistung, wenn er für diesen Fall den Vertrag nicht abgeschlossen haben würde, oder wenn der Versicherte ihn schuldhaft nicht rechtzeitig davon in

Kenntnis gesetzt hat. Liegt ein Verschulden des Versicherten nicht vor, so gebührt dem Versicherer das Recht zur Verweigerung der Leistung erst nach Ablauf eines Monats von dem Zeitpunkte an, wo der Versicherte von der Erhöhung der Gefahr Kenntnis erhalten hat. Das Recht zur Verweigerung der Leistung steht dem Versicherer nicht zu, wenn ihm der Versicherte gleich mit der rechtzeitigen Anzeige von der Erhöhung der Gefahr die höhere Prämie anbietet, es sei denn, daß Verträge der angebotenen Art außerhalb seines Geschäftsplanes liegen.

An diese bald in selbständiger Terminologie darzustellenden Bestimmungen könnten sich die §§ 22, 25 entsprechend verändert anschließen. Besondere Bestimmungen über Kündigung erscheinen nicht erforderlich. Statt dessen dürfte die Einführung einer kurzen Verjährungsfrist (6 Monate seit Beendigung der Gefahrerhöhung, seit Wiederherstellung des ursprünglichen Zustandes, siehe § 153 Abs. 2 Satz 3) und Gewährung des Rechts auf die höheren Prämien im Falle des Verlustes des Rechts, die Leistung zu verweigern, der Erwägung wert sei.

5. Bezüglich des § 25 noch eine kurze Bemerkung: Prinzipiell entspricht Abs. 1 u. 2 dem Gesagten. Der Versicherer muß sein Geschäft kennen, er muß wissen, welche Umstände für ihn bei Eingehung des Vertrages in Frage kommen. Versäumt er zu fragen, so ist nicht einzusehen, warum der Versicherte sein Schweigen vertreten soll. Mit einer entscheidenden merkwürdigerweise nur für den Lebensversicherungsvertrag in § 153 Abs. 2 Satz 2 besonders anerkannten Ausnahme. Wenn er nämlich weiß oder wissen mußte, daß der Versicherer die unveränderte Fortdauer bei der Schließung des Vertrages voraussetzen durfte. In diesem Falle wird sein Wissen oder Wissenmüssen zur Arglist, wenn er schweigt. Mit einer weiteren Ergänzung sollte es also heißen: Eine Erhöhung usw., dessen unveränderte Fortdauer der Versicherer und der Versicherte . . . voraussetzen durften, oder in anderer Fassung: dessen unveränderte Fortdauer als Grundlage des abgeschlossenen Vertrages von den Parteien vereinbart worden ist oder bei verständiger

Würdigung aller vorkommenden Fälle vereinbart worden wäre. Mit letzterem Zusatz wird auch, wie erforderlich, das Hinzutreten eines neuen, nicht vorausgesetzten Umstandes, wenn dieser für die Gefahrerhöhung erheblich ist, berücksichtigt, was in der Fassung des § 25 Abs. 1 nicht zum Ausdruck gelangt ist.

Im Abs. 2 sollte hinter im „Zweifel" eingeschoben werden „nach billigem Ermessen", um die Möglichkeit der Chikane durch die Versicherer auszuschließen.

Mit diesen Vorschlägen ist zugleich auch Stellung genommen gegen die vertragsrechtlich und juristisch überhaupt unkonstruierbare Vorschrift der §§ 21, 24 Abs. 2, Satz 2, Halbsatz 2, bei welcher sprachlich noch zu bemängeln ist, daß die Erhöhung der Gefahr Einfluß — das ist doch psychisch, durch Motive wirksame Verursachung — auf den Eintritt des Versicherungsfalles und auf den Umfang der dem Versicherer obliegenden Leistung nicht gehabt haben soll.

IV. Gefahrereignis.

Die verschiedenen Bedeutungen, welche der Entwurf dem Gefahrbegriff beilegt, sind noch nicht erschöpft.

Im allgemeinen Teil ist die Gefahr als Schadensmöglichkeit oder Schadenswirkung oder als Inbegriff der Tatsachen, welche die Bedingungen des Schadens ausmachen — Gefahrumstände —, oder auch als Pflicht zum Ersatz des Schadens in diesen verschiedenen Bedeutungen einzeln oder zugleich ganz im allgemeinen zu den Vermögensrechten und Pflichten des Versicherers und des Versicherten in Beziehung gesetzt. Von den Unterschieden, welche in den Besonderheiten der einzelnen Schadensereignisse liegen, ist abgesehen worden. Der Entwurf hat nur das, was als Gefahr bei allen Versicherungsarten gemeinsam sein soll, durch Vorschriften, welche für alle gelten sollen, zu regeln versucht. Dieser Versuch ist von dem eingenommenen Standpunkte nur möglich gewesen dadurch, daß er Verschiedenes, durch einen gemeinsamen, vieldeutigen Ausdruck zusammenfaßte und dabei rechtlich das gemeinsame in dem verschiedenen sich entschlüpfen ließ.

Was nun mit den dargestellten verschiedenen Bedeutungen

tatsächlich gemeint sein soll, gleichsam der konkrete Stoff, in welchem sie ihre lebendige Wirklichkeit haben, das liegt in den einzelnen Gefahren, welche als solche nur in dem Abschnitt über den Transport-Versicherungsvertrag genannt werden: Brand, Hagelschlag, Haftpflicht, Unfall, Tod der Tiere und Menschen, gelten in dem Sinne als gleich, als in ihnen das spezifisch schadenwirkende Ereignis gesehen wird, sie enthalten das Versicherungsereignis und begründen mit ihrem Eintritt den Versicherungsfall. Ihre wichtigste, gemeinsame Eigenschaft ist, daß sie den Versicherungsvertrag in einer bestimmten, objektiven Weise individualisieren. Dies ist von besonderer Bedeutung bei dem Schadensversicherungsvertrage und geht aus den Absätzen 1 der §§ 53, 54 hervor, in welchen es heißt: Wird ein versichertes Interesse später gegen dieselbe Gefahr bei einem anderen Versicherer versichert, so . . .

Wann nun ist eine Gefahr dieselbe? Solange und wenn es sich immer nur um ein Ereignis in seinem kausalen Zusammenhange zu einem Vermögensschaden des Versicherten handelt, werden Bedenken nicht auftreten. Sie sind aber nicht zu unterdrücken, wenn der Entwurf selbst von Gefahren spricht, wenn er also nicht ein Ereignis, sondern mehrere möglicherweise schadenwirkende Ereignisse als Gegenstand des Versicherungsvertrages hinstellt, wie es in §§ 121 ff. bei dem Transportversicherungsvertrage geschieht. Wie soll in diesem Falle eine Identität der Gefahren derart festgestellt werden, daß man eben von derselben Gefahr reden könnte? Ziehen wir die anderen Versicherungsarten zum Vergleich heran, so muß geantwortet werden: Die Beförderung zu Lande oder auf Gewässern ist die spezialisierende Gefahr. Setzen wir diese Antwort in den § 121 Abs. 1 ein, so erhalten wir: Bei der Versicherung von Gütern gegen die Gefahren der Gefahr, welche durch Beförderung zu Lande oder auf Gewässern entsteht, trägt der Versicherer alle Gefahren, denen die Güter während der Dauer der Versicherung ausgesetzt (?) sind.

Offenbar wird hier der Begriff Gefahr ausdrücklich und versteckt in vier verschiedenen Bedeutungen angewendet. Die Beförderung als Gefahr ist das schadenwirkende Ereignis, die Gefahren der Beförderung sind die einzelnen Möglichkeiten, in welchen das Ereignis Schaden anrichten kann; „der Versicherer trägt Gefahren" kann nur heißen: Verpflichtungen, für den Fall, daß eine jener Möglichkeiten wirklich werde; und schließlich können die Güter nur dem Inbegriff von tatsächlichen Bedingungen, welche die abstrakte Möglichkeit des Schadens in concreto in sich schließen, ausgesetzt sein.

Im einzelnen sei noch bemerkt: Es ist eine sinnliche, bestenfalls wirtschaftliche Auffassung, wenn gesagt wird, Güter gegen Gefahren der Beförderung versichern. Gemeint ist, gegenüber dem etwaigen Schaden durch den Vertrag sich ein vermögensrechtliches Äquivalent beschaffen. Man kann wohl einen Vertrag gegen — zum Schutze vor oder zur Abwendung, Bekämpfung einer Sache — schließen, aber dieses „gegen" enthält nur die Motive des Vertragsschlusses, welche im Vertrage ihren rechtlichen Ausdruck finden müssen oder sonst rechtlich nicht in Frage kommen. Bei einem Vergleich mit anderen Versicherungsarten, wie dem Lebens-, Vieh- und Hagelversicherungsvertrage tritt dies deutlicher hervor.

Diese theoretischen und redaktionellen Unmöglichkeiten haben aber auch zu praktisch bedenklichen Konsequenzen geführt.

Die Leistungspflicht des Versicherers wird mit dem Eintritt einer jeden Gefahr, welcher die Güter oder das Schiff während der Dauer der Versicherung ausgesetzt sind, wirksam. Die Dauer der Versicherung bestimmt sich nach § 124 und 128. Was aber heißt „ausgesetzt sein?" Schließlich bedeutet es alles. Jeder Schaden, welcher Güter oder Schiffe trifft, auch wenn er nicht auf die Beförderung als seine Ursache sich im geringsten zurückführen läßt, wäre vom Versicherer innerhalb des Umfanges seiner Leistungspflicht zu ersetzen. Denn es fehlt in der Bestimmung jede Bezugnahme auf einen — wenn auch noch so entfernten Kausalzusammenhang des Schadens mit den „Gefahren der Beförderung". Ja zu den Gefahren, denen die Güter während der Dauer der Versicherung ausgesetzt sind, dürften auch Diebstahl, Raub, Unterschlagung, schließlich alle Ereignisse gehören, die nicht besonders ausgenommen sind. Ausnahmen enthalten nur §§ 122, 123, sowie § 55. Nach letzterem fällt die Leistungspflicht nur bei Vorsatz und grober Fahrlässigkeit des Versicherten hinweg. Diese aber hat der Versicherer zu beweisen. Der Versicherer hat also für Zufall einzustehen, wie auch für den Schaden, der Güter oder Schiffe durch Vorsatz oder Fahrlässigkeit anderer Personen als des Versicherten, auch dessen Angestellten, trifft.

Diese Konsequenzen bedürfen keiner kasuistischen Ausführung. Ihre Berücksichtigung würde vom Standpunkte des Entwurfes dahin führen, in § 122 Ziff. 2 und in § 55 wenigstens den Angestellten, dem die mittätigen Familienangehörigen gleichzustellen wären, oder überhaupt den Vertreter des Absenders oder Empfängers oder des Versicherten noch aufzunehmen, in § 55 die Beweislast anders zu verteilen und § 121 anders zu fassen. Die Bestimmungen des B.G.Bs. über die unerlaubten Handlungen erscheinen hier nicht als ausreichend.

V. Die besonderen Gefahrtatsachen.

An das etwa halbe Dutzend verschiedener Bedeutungen des Gefahrausdruckes, die wir bisher nachgewiesen haben, reiht sich endlich die folgenschwerste und bedenklichste an. Die Gefahr wird nämlich auch als ein allen Versicherungsvertragsarten gemeinsames Merkmal genommen, in dem Sinne, daß immer ein bestimmtes Ereignis, dessen Eintritt ungewiß, als ein schadenwirkendes Gegenstand des Versicherungsvertrages sei. Die Beschaffenheit dieses ungewissen Ereignisses soll immer vertragliche Grundlage insofern sein, als der Versicherer bei der Übernahme seiner Leistungspflicht und bei Bemessung des zu fordernden Entgeltes in Gestalt der Prämie durch sie bestimmt wird. In diesem Zusammenhange bedeutet Gefahrerhöhung nichts anderes, als Veränderung der Rechnungsgrundlagen des Versicherers, welche beim Zustandekommen des Vertrages maßgebend waren, durch Vornahme bestimmter Handlungen oder anderweitiger Herbeiführung und Veränderung von Tatsachen.

Selbst wenn diese Auffassung zuträfe, wenn also die Gefahr in dem angegebenen Sinne bei allen Versicherungsarten die gleiche Struktur hätte, so ist letztere von versicherungstechnischer, nicht juristischer Natur. Die Abschätzung der Gefahr auf die Wahrscheinlichkeit ihres Eintrittes ist eine versicherungstechnische Operation. Die Veränderung der Tatsachen, welche der Abschätzung zugrunde liegen sollen, vollzieht sich auf dem Gebiete der Tatsachen, der Natur. Setzen wir auch hier wieder voraus, daß die fraglichen Gefahr tatsachen gleicher Art sind, so ergibt sich daraus in keinem Falle ein Schluß auf die Möglichkeit einer gleichartigen Behandlung auf juristischem Gebiete. Mag es selbst richtig sein, daß bei allen Versicherungsvertragsarten der Eintritt eines ungewissen Ereignisses die Leistungspflicht des Versicherers fällig mache und die Veränderung von Tatsachen, die auf den Eintritt dieses Ereignisses Bezug haben, die Fälligkeit eher herbeiführen könne, so folgt daraus noch nicht, daß diese formale Gleichheit materiellrechtlich bei allen Versicherungsvertragsarten nicht ganz verschiedene rechtliche Bedeutungen haben kann, wenn etwa die Hauptverpflichtungen der Vertragsparteien sich in wichtigen Punkten unterscheiden.

Stellt man sich aber selbst auf den naturalistischen und mehr versicherungstechnischen, als juristischen Standpunkt des Entwurfes, so sind die eben angezogenen Voraussetzungen nicht richtig. Die tatsächliche Natur der Gefahr ist bei jeder Versicherungsvertragsart verschieden, und es ist ein unmögliches Beginnen, diese tatsächlichen Verschiedenheiten rechtlich gleich gestalten zu wollen. Und schließlich was sollen allgemeine Regeln, wenn bei jeder Versicherungsvertragsart eine besondere Ausnahme der Regel statuiert werden muß?

Man kann die tatsächliche Verschiedenheit der Gefahr in der mannigfachsten Weise illustrieren, je nach dem Gesichtspunkt, welchen man zugrunde legt, und hat es in der Literatur auch schon wiederholt getan, freilich in dem Wahne, man stelle juristische Unterschiede fest.

1. Dem Gefahrbegriff ist die Ungewißheit essentiale. Dann gehört der Lebens-Versicherungsvertrag auf den Todesfall, wie auch der Versicherungsvertrag auf den Tod des Tieres nicht zu den Versicherungsverträgen. Von einer Ungewißheit der Gefahr kann nur bei Feuer-, Hagel-, Transport- und Haftpflicht- und Unfall-Versicherungsverträgen gesprochen werden.

2. Feuer-, Lebens-, Hagel- und Vieh-Versicherungsvertrag haben gemeinsam, daß nur eine bestimmt zu bezeichnende Tatsache die Leistungspflicht des Versicherers auslöst. Beim Transport-, Haftpflicht- und Unfall-Versicherungsvertrag ist es eine

Summe von einzelnen, vorher ganz unübersehbaren Tatsachen, von welchen jede die Leistungspflicht fällig machen kann.

3. Beim Hagel-, Vieh- und Lebens-Versicherungsvertrag auf den Todesfall, z. T. auch bei Feuer-Versicherungsverträgen, ist die Gefahr als ein absolutes, unabänderliches Naturereignis gedacht, bei Transport-, Haftpflicht- und Unfall-Versicherungsverträgen ist die Gefahr ein Kulturereignis, sein Eintritt ist abhängig von kulturellen Einrichtungen und der Geschicklichkeit, häufig dem Verschulden der Menschen.

4. Die übliche Unterscheidung von Sach- und Personen-Versicherungsvertrag ist bekannt; nicht minder bekannt ist, daß die dem Haftpflicht-Versicherungsvertrage eigene Gefahr in einem Verschulden des Versicherten mit Ausschluß des Vorsatzes besteht und nur in einem Verschulden bestehen kann, aus welchem auf Grund der Rechtsordnung Verpflichtungen entspringen, die der Versicherer „trägt", während bei allen anderen Versicherungsverträgen dieser Regelfall als Ausnahme und häufig auch als Befreiungsgrund für den Versicherer gilt.

5. Umgekehrt aber steht der Hagel-Versicherungsvertrag insofern ganz allein, als hier die Gefahr eine Naturtatsache ist, deren Eintritt durch kein Kulturmittel hinausgeschoben, und deren Wirkung durch kein Kulturmittel begrenzt werden kann, und als sie sich weiter nur auf Sachen bezieht, die unbeweglich sind.

6. Andere Gesichtspunkte folgen aus der Unschätzbarkeit und der Art der Abschätzung, welche die besondere Natur der einzelnen Gefahren mit sich bringt, aus den Motiven, welche den Versicherer und denjenigen, welche den Versicherten lenken, schließlich auch aus den objektiv verschiedenen wirtschaftlichen Funktionen der einzelnen Versicherungsarten.

Wie will man alle diese tatsächlichen Verschiedenheiten in einem allgemeinen Teile rechtlich zusammenfassen können? Besten Falls, wenn überhaupt, dürfte dies nur so möglich sein, daß sie in ganz spärlichen, allgemeinsten Vorschriften über die besondere Vertragstreue des Versicherungsrechtes Aufnahme fänden. Daß dem Entwurf diese Aufgabe nicht gelungen ist, ergibt sich aus einem Versuche, die nicht allgemeinen Bestimmungen auf die einzelnen Versicherungsvertragsarten anzuwenden und umgekehrt aus den besonderen Bestimmungen der einzelnen Verträge allgemeine Rechtssätze abzuleiten.

Es würde zu weit führen, den Versuch an dieser Stelle Vorschrift für Vorschrift durchzuführen. Ich greife nur einzelnes heraus.

VI. Verhältnis des allgemeinen zum besonderen Teile beim Gefahrbegriff.

a) Der zweite Titel des ersten Abschnittes: Anzeige der Gefahrumstände und Gefahrerhöhung ist auf den Hagelversicherungsvertrag so gut wie unübertragbar, und es ist da auch keine einzige Vorschrift, welche für den dritten Titel des zweiten Abschnittes paßte.

b) Dasselbe gilt in vielen, vielleicht den meisten Fällen für den Haftpflicht-Versicherungsvertrag. Hier liegt die Gefahr hauptsächlich in der Nachlässigkeit des Versicherten. Gibt es da eine Erhöhung nach Abschluß des Vertrages? Und müßte der Versicherte, wenn er eine Erhöhung seiner Nachlässigkeit verspürt, hiervon dem Versicherer Anzeige machen?

Oder müssen gar alle Versicherten dem Versicherer Mitteilung machen, wenn etwa durch Einführung besonderer, neuer Gesetze oder durch schärfere Auslegung bestehender die Haftpflicht des Versicherers sich erhöht? Der letztere, wichtigste Fall der Haftpflichterhöhung bedarf dringend der gesetzlichen Regelung. Haftet der Versicherer bloß auf Grund des zur Zeit des Vertragsabschlusses bestehenden Rechtszustandes oder auch bei Entwicklung desselben durch Rechtsprechung, Rechtswissenschaft, Gesetzgebung?

c) Dasselbe gilt für den Lebens-Versicherungsvertrag, wie sich aus der Vorschrift des § 153 in Verbindung damit ergibt, daß die Versicherungspraxis Umstände, deren Änderungen auf die Leistungspflicht des Versicherers einwirkten, bei dem Lebens-Versicherungsvertrage regelmäßig nicht mehr ausbedingt.

Man nehme aber einmal an, ein solcher Umstand sei ausbedungen, z. B. Aufenthalt in den Tropen oder gar außer Landes.

Der Ehegatte hat seine Gattin oder umgekehrt diese jenen versichert; es ist also ein Lebens-Versicherungsvertrag auf das Leben oder den Tod eines anderen, nehmen wir auch an, zu dessen Gunsten abgeschlossen. Der oder die andere verläßt den oder die Vertragschließende:

1. Dieser oder diese weiß nicht, wo der oder die sich aufhält, es besteht solange keine Anzeigepflicht gemäß § 23 Abs. 2.

2. Der oder die andere reist herum, bald in den Tropen, bald außer den Tropen, bald in der Heimat, bald im Ausland; dies weiß der Vertragschließende. Besteht eine Anzeigepflicht?

3. Wer ist der Anzeigepflichtige? Der andere oder der Vertragschließende oder etwa ein dritter Begünstigter, oder der Prämienzahler?

4. Und nun ziehe man gar § 19 ff. heran. Der Versicherte — nehmen wir an, wir wüßten, wer es ist — hat den anderen durch irgend welche Handlungen außer Landes gebracht. Er hat diese Erhöhung der Gefahr vorgenommen, oder er hat dem anderen gestattet, sie vorzunehmen. Die unmöglichen Folgerungen ergeben sich von selbst.

d) Dasselbe gilt bei dem Transport-Versicherungsvertrage. Alle Gefahren sind gemäß dem Entwurf in den Transport-Versicherungsvertrag eingeschlossen. Sollte dazu nicht auch die „höhere" Gefahr gehören, so daß es bei ihm überhaupt keine Erhöhung der Gefahr gibt? Insbesondere aber keine, welche unabhängig von dem Willen des Versicherten eintritt? Von Gefahrerhöhungen, die abhängig von dem Willen des Versicherten sind, kann nur nach Beginn des Vertrages, also seit Beginn der Beförderung bzw. der Reise die Rede sein. Vorher handelt es sich um anzeigepflichtige Gefahrumstände. Nach dem Beginn des Versicherungsvertrags aber sind die Güter dem Herrschaftsbereich des Versicherten regelmäßig entzogen. Sicherlich der Versicherte oder sein Vertreter oder sein Beauftragter können nachträglich die Güter, über welche ein Transport-Versicherungsvertrag abgeschlossen ist, mit anderen gefährlicheren zusammen befördern lassen. Aber was nützt in solchem Falle dem Versicherer sein Recht, ohne Einhaltung einer Kündigungsfrist zu kündigen? (§ 20). Was der Wegfall seiner Leistungspflicht gemäß § 21, wenn er ein Verschulden des Versicherten nicht nachweisen kann?

e) Für das dem Versicherer gegebenen Rücktrittsrecht der §§ 15, 16 kommt bei dem Transport-Versicherungsvertrage, wie bei den anderen hier noch in Betracht kommenden Versicherungsvertragsarten: Feuer-, Vieh-, Haftpflicht-, Unfall-Versicherungsvertrag, alles darauf an, ob der § 14 in Rechtsprechung und Wissenschaft überwiegend zu einer objektiven oder subjektiven Theorie führen wird. Einer Kontroverse ist kaum auszuweichen. Soll aus der objektiv feststehenden Erheblichkeit eines Umstandes für die Übernahme der Gefahr auf ihr Bekanntsein geschlossen werden können und die Unkenntnis der Erheblichkeit als Verschulden angerechnet werden dürfen? Oder aber kann sich der Versicherte immer auf seine Unerfahrenheit, unter Umständen Beschränktheit berufen und nach dieser Richtung den Exkulpationsbeweis führen und die Erheblichkeit, wie das Rücktrittsrecht des Versicherers illusorisch machen?

f) Ist es nicht möglich, die allgemeinen Bestimmungen auf alle Versicherungsvertragsarten zu übertragen, so ergibt sich damit auch, daß eine Verallgemeinerung von den Ausnahmebestimmungen auf ihnen zugrunde liegende Obersätze nicht zum Ziele führen kann. Der im Entwurf ausschlaggebende Gesichtspunkt, daß sich bei allen Versicherungen die Vertragsparteien über eine Gefahr — das ist ein möglicherweise eintretendes, schadenwirkendes Ereignis einigten, ist, soweit er zutrifft, versicherungstechnischer oder psychologischer, auch ökonomischer, aber nicht juristischer Natur.

VII. Gefahr und Schaden.

a) Deutlicher tritt die Richtigkeit der hier vertretenen These hervor, wenn die Frage untersucht wird, welcher Unterschied zwischen dem Gefahr- und dem Schadensbegriff besteht. Dieser Aufgabe bringt uns der § 81 etwas näher. Satz 1 lautet: Der Versicherer haftet für den durch Brand entstandenen Schaden ohne Rücksicht auf die Ursache des Brandes. Nehmen wir einmal an, wir kennten alle hier vorkommenden Ausdrücke auf ihren Inhalt ganz genau, und der Entwurf wende sie entsprechend unserer Kenntnis an, oder umgekehrt wir kennten sie entsprechend der Anwendung des Entwurfes als fest bestimmt und eindeutig, so ist die Auffassung des Entwurfes diese:

Durch den Brand entsteht Schaden, der Brand verursacht Schaden, der Brand ist, daran kann gar kein Zweifel bestehen, die befürchtete Gefahr und als solche Ursache von Schaden. Aber der Brand ist in § 81 als Gefahr keine bloß abstrakte Möglichkeit des Eintritts einer schadenwirkenden Tatsache, sondern die konkrete schadenwirkende Tatsache selbst in ihrem ursächlichen Zusammenhang mit anderen. Deshalb soll auf die entferntere Ursache des Brandes keine Rücksicht genommen werden. Diese letztere Bestimmung mit den allgemeinen Bestimmungen über Anzeige der Gefahrumstände und Gefahrerhöhung in Einklang zu bringen, erscheint mir ausgeschlossen. Denn eine der anzeigepflichtigen Gefahrumstände oder eine, sagen wir einmal, gefahrerhöhende Tatsache kann und wird regelmäßig die Ursache des Brandes sein. Aus der Gesamtheit all der Gefahrumstände und Tatsachen in ihrer ursächlichen Abhängigkeit als dem Inbegriff von Bedingungen des Schadenseintritts ergeben sich ja alle Möglichkeiten, unter welchen der Eintritt des Brandes gedacht worden ist oder werden konnte, und eine jener Tatsachen oder einer jener Umstände tritt aus dem Zustande der Bedingungen als wirksamste eines Augenblicks in die erheblichere Stellung der Ursache des Brandes. Die Nichtanzeige dieser in jenen Tatsachen oder Umständen gelegenen Schadensmöglichkeit, wie sie bei oder nach Vertragsabschluß bestand, berechtigt den Versicherer gemäß § 14ff. zum Rücktritt und zur Kündigung, ja befreit ihn sogar nach § 21 unmittelbar, während er nach § 81 Satz 1 haftbar bleibt, wenn vor Wirksamkeit des Rücktritts oder der Kündigung oder trotz Vorliegens des § 21 der Schaden durch den Brand entsteht. Denn die Ursache des Brandes, welche aus jener Möglichkeit nach unserer Annahme zur Wirklichkeit geworden ist, wird nach § 81 nicht berücksichtigt, und die besondere Bestimmung des § 81 geht der allgemeinen der §§ 14ff. vor. Die Aufhebung der allgemeinen Bestimmungen der §§ 14ff. durch das allgemeine Verbot des § 81, auf die Ursache des Brandes Rücksicht zu nehmen, kann der Entwurf schwerlich bezweckt haben. Danach ist die letztere Bestimmung entgegen seinem Wortlaute und seinem Sinne durch die §§ 14ff. derart restriktiv zu interpretieren, daß beim Vorliegen ihrer Voraussetzungen, soweit dadurch die

Haftung des Versicherers eingeschränkt oder aufgehoben wird, doch auf die Ursache des Brandes zurückgegangen werden darf. Dann aber bleibt zweifelhaft, welche Bedeutung und welches Anwendungsgebiet die Worte „ohne Rücksicht auf die Ursache des Brandes" noch haben sollen, zumal auch die Motive es an dem gewünschten Fingerzeige fehlen lassen. Zu den zu nicht berücksichtigenden Ursachen des Brandes gehören wohl auch Erdbeben, Erdrutsche usw. In diesen Fällen haftet der Versicherer ebenfalls. Auf die merkwürdige Fassung des § 81 Satz 2 letzter Halbsatz sei nur hingewiesen. Wie ein Brand durch M a ß r e g e l n v e r u r s a c h t werden kann, bleibt schwer verständlich.

b) Für die anfänglich aufgeworfene Frage ergibt sich aus § 81, daß der Entwurf die einzelnen Gefahren wie Feuer, Hagel, Tod usw. auch als dem Eintritt ihrer Wirksamkeit nach ungewisse Ursachen des zu ersetzenden Schadens betrachtet. Die Gefahr existiert nur, in welcher von den dargestellten Bedeutungen sie auch immer verstanden wird, in einer Beziehung zum Schaden. Eine Definition der Gefahr ohne diese Beziehung ist nicht möglich. Wo bei einer Versicherungsvertragsart von einem Schaden nicht gesprochen werden kann, sollte also auch von einer Gefahr keine Rede sein (Lebens-Versicherungsvertrag). Ließe sich erweisen, daß der Schadensbegriff auch bei den anderen Versicherungsvertragsarten nicht essentiale ist, dann müßte auch bei ihnen der Gefahrbegriff wegfallen. Wäre aber der Schadensbegriff wesentlich, so ist zu prüfen, ob es der Gefahrbegriff in gleicher Weise ist, und umgekehrt ist es der letztere, so wäre die gleiche Wesentlichkeit des ersteren nachzuprüfen. Bei der Korrelativität beider Begriffe spricht von vornherein eine Vermutung für das gleiche Ergebnis bei beiden.

Angenommen der Schadensbegriff stände zweifelsfrei fest, so geht jeder Versicherungsvertrag nicht auf eine abstrakte Schadensmöglichkeit, sondern auf einen bestimmten durch die Sache oder Person in ihren tatsächlichen Zusammenhängen konkretisierten Feuer-, Hagel-, Vieh- usw. Schaden. An die Schadenswirkung ist die Leistungspflicht des Versicherers geknüpft. Beide sind nicht zu beschreiben und nicht zu individualisieren ohne die genaue Angabe der Ursache, welche mit der Bewirkung (siehe § 81 Satz 1) des Schadens die Leistungspflicht fällig macht. Diese Ursache ist der Wahrscheinlichkeit ihres Eintritts wegen versicherungstechnisch von grundlegender Bedeutung, sie muß daher in ihrer tatsächlichen Gestaltung auf dem Gebiete der Natur genau bekannt werden und bildet in ihrer Eigenschaft, möglicherweise den befürchteten Schaden zu wirken, Motiv für den Abschluß des Versicherungsvertrages. Der Gefahrbegriff ist eingeführt, um die Ursache in ihrer bezeichneten Beziehung zu dem Eintritt der die Leistungspflicht des Versicherers fällig machenden Schadenswirkung rechtlich zu erfassen, ohne freilich bei der Lösung dieser Aufgabe alle jene erörterten Nebenbedeutungen abgestreift zu haben. Daß die Gefahr als ungewisse Schadensmöglichkeit nur das Bedürfnis der Versicherung erklärt, nicht aber Gegenstand der vertraglichen Vereinbarung ist, ergibt sich aus einem Vergleich mit anderen Vertragstypen, dem besten Hilfsmittel der wissenschaftlichen Erkenntnis des Versicherungsvertrages. Auch beim Garantie- und Bürgschaftsvertrag kann man von einer ungewissen Möglichkeit des Schadens vom Standpunkte des Verpflichteten aus reden. Aber hier wie beim Versicherungsvertrage ist nicht der Schwebezustand gedanklicher Möglichkeiten, sondern die Wirklichkeit des erlittenen Vermögensschadens Gegenstand vertraglicher Abmachung. Nur in Beziehung auf diese Wirklichkeit ist der Gefahrbegriff als Ursache der versicherungsvertraglichen Schadenswirkung, daran ist zunächst festzuhalten, rechtlich erheblich.

Nun läßt sich weiter sagen: Die Gefahr als Schadensursache ist ohne Beziehung zu der versicherungsvertraglichen Schadenswirkung unerheblich und umgekehrt; der Kausalzusammenhang zwischen beiden muß tatsächlich hinzukommen, um als rechtliche Folgerung die Fälligkeit der Leistungspflicht des Versicherers aussprechen zu können. Das will aber sagen: Die letztere (Fälligkeit) ist abhängig von dem Vorliegen eines Kausalzusammenhangs zwischen Schadensursache und -wirkung. Dieser Kausalzusammenhang ist Bedingung bezw. Befristung für die Fälligkeit der Leistungspflicht des Versicherers. Die rechtlichen Wirkungen des tatsächlichen Eintritts der genannten Bedingung bezw. Befristung bestehen in der Fälligkeit der Leistungspflicht des Versicherers. Die Leistungspflicht ist ihrem Höchstbetrage nach durch den

Versicherungsvertrag bestimmt, erhält aber die konkrete Begrenzung und Bestimmung ihres Umfanges vertragsgemäß durch die tatsächlich eingetretene Schadenswirkung jener Ursache-Bedingung. Berücksichtigen wir, daß nicht ein Schadensersatz in abstracto vertraglich und gesetzlich versprochen wird, sondern nur ein durch die bestimmte Ursache individualisierter, so wird eine Gesetzgebung, die entsprechend der Trennung von Ursache und Wirkung auf tatsächlichem Gebiete für beide besondere Vorschriften aufstellt, ihrer einheitlichen rechtlichen Bedeutung für den Vertrag nicht gerecht. Jene Ursache und Schadenswirkung interessieren rechtlich nicht einzeln und unabhängig von einander, sie sind nur in ihrem Kausalzusammenhange für die mit letzterem gegebene Leistungspflicht des Versicherers erheblich. Primär aber geht diese auf den Ersatz der Schadenswirkung, die individualisiert wird durch die bestimmte Ursache. Diese wieder interessiert vertraglich nur in ihrer Eigenschaft als schadenwirkendes Ereignis. Die Leistungspflicht des Versicherers ist nun, wie gesagt, bedingt oder befristet durch jene Ursache in ihrer letztgenannten Bedeutung, und zwar nicht durch die Tatsache des Eintritts, sondern durch die Besonderheit der von ihr kausal abhängigen Schadenswirkung. Diese muß eingetreten sein, um die Leistung des Versicherers fällig zu machen, die Schadenswirkung ist freilich nicht anders zu charakterisieren und zu individualisieren, als indem man auf ihre Ursache, die Versicherungsgefahr zurückgeht. Die rechtliche Bedeutung der überlieferten Begriffe: Gefahr und Schaden liegt letzten Endes in der Beziehung zur Leistungspflicht des Versicherers, die ja überhaupt der Mittelpunkt aller Rechtsbeziehungen der Vertragsparteien ist.

c) Aus den angestellten Erwägungen geht unseres Erachtens de lege ferenda Folgendes hervor: Gefahr und Schaden sind wie Ursache und Wirkung korrelative Begriffe. Wird der eine genau bestimmt, so ist damit auch der andere umgrenzt. Die genaue Bestimmung aber hat im Hinblick auf die Leistungspflicht des Versicherers zu erfolgen, wenn anders sie das rechtlich Erhebliche erfassen will.

Freilich ein wichtiger Unterschied besteht in der angezogenen Analogie zwischen der Kausalbetrachtung und der juristisch-teleologischen Konstruktion. Eine Ursache kann die verschiedensten Wirkungen, eine Wirkung verschiedene Ursachen haben. Bei dem Versicherungsvertrage handelt es sich vom Standpunkt des Entwurfes wie der Vertragsparteien nur um eine bestimmt umschriebene Schadenswirkung und je nach den Arten, welche in Frage kommen, um ihre genau bestimmte Ursache. Diese Ursache kann nun in ihrem tatsächlichen Zusammenhang mit den äußeren Bedingungen, in welchen sie wirksam wird, auf die Möglichkeit ihres Eintritts hin betrachtet werden. Bemerkenswert ist juristisch, wie wir sahen, daß eine begrifflich genaue Bestimmung der versicherungsvertragsrechtlich erheblichen Schadenswirkung nicht ohne Heranziehung der sie individualisierenden Ursache möglich ist, und umgekehrt die letztere sich nicht versicherungsvertragsrechtlich fixieren läßt, ohne Beziehung auf jene.

Daraus folgt juristisch, daß eine konstruktive Trennung beider in Gesetz und Wissenschaft, indem von ihrer tatsächlichen, sozusagen naturgeschichtlichen Unterschiedenheit in der Welt der Erscheinungen ausgegangen wird, gar nicht die in ihrem Kausalzusammenhange gegebenen rechtlich erheblichen Momente erfaßt, vielmehr ihre aus der Beziehung des Kausalzusammenhanges zur Leistungspflicht des Versicherers sich ergebende rechtliche Zusammengehörigkeit und Einheit zerreißt. So werden denn schließlich eher Vorschriften für den tatsächlichen Verlauf der Versicherungsdinge als Rechtsregeln aufgestellt, was historisch ja begreiflich ist. Es ergibt sich weiter für die Gesetzgebung — immer vom Standpunkte der Begriffsbildung und -anwendung des Entwurfes aus betrachtet —, daß die genaue Regelung der Schadensursache eine solche der Schadenswirkung in sich schließt, wenn sie beide, wie erforderlich, nur in ihrer kausalen Abhängigkeit voneinander zu der Leistungspflicht des Versicherers unmittelbar in Beziehung gesetzt werden, daß umgekehrt die Regelung der Schadenswirkung eine solche der Schadensursache enthält, daher beider Regelung nebeneinander gesetzestechnisch unstatthaft ist. Und schließlich ergibt sich auch vom Standpunkte des Vertrages aus, daß eine genaue Regelung dessen, was bei und vor Eintritt von Schadenswirkungen, insbesondere für die Leistungspflicht des Versicherers gelten soll, die Regelung der Schadensursache notwendig umfaßt; und daß eine Regelung der Schadenswirkung in ihrer dargestellten Bedeutung allein Gegenstand eines Gesetzes über den Versicherungsvertrag werden müßte. Denn der letztere macht, wie wir sahen, die Wirksamkeit der Leistungspflicht des Versicherers von dem Eintritt einer bestimmten Schadenswirkung abhängig. Die Leistungspflicht steht unmittelbar nur mit der letzteren in Verbindung, es benötigt nur zur Feststellung der Schadenswirkung ein Zurückgehen auf die Schaden wirkende Ursache oder richtiger gesagt, auf die Umstände, unter welchen diese wirksam geworden ist. Denn die Ursache ist ja mit festgestellt, wenn ein versicherungsrechtlich erheblicher Schaden gegeben ist. Die Umstände aber bedürfen nach Abschluß des Vertrages nur dann einer besonderen gesetzlichen Regelung, wenn sie irrigerweise nur in tatsächlicher Bedeutung genommen und so zu der Ursache in Beziehung gesetzt und gedacht werden, dann aber nicht, wenn unter alleiniger Berücksichtigung ihrer rechtlichen Bedeutung im Auge behalten wird, daß sie das wichtigste Element des Versicherungsvertrages, die Leistungspflicht des Versicherers, in ihrer Abhängigkeit von dem tatsächlich eingetretenen Schaden individualisieren und damit überhaupt die Vertragspflichten durch die Identität der zugrunde liegenden tatsächlichen Momente genau bestimmen, daß also von einer Leistungspflicht des Versicherers gar nicht gehandelt werden kann, ohne daß die vertraglich vereinbarten Gefahrumstände mitgedacht werden. Besondere Bestimmungen über die Änderung von Gefahrumständen und entsprechend Erhöhung der Gefahr aufstellen, ist nichts anderes, als wollte man für den Kaufvertrag bestimmen, daß der Käufer nicht an Stelle der gekauften Sache nach Abschluß des Kaufvertrags eine weit wertvollere verlangen, entsprechend beim Mietsvertrage der Mieter nicht eine bessere Mietsache fordern dürfe. Das folgt ja aus der Natur des Vertrages überhaupt und braucht nicht besonders vorgeschrieben zu werden. So ergibt sich auch für den vorliegenden Fall ohne weiteres: Die Umstände sind Grundlage des Vertrages und bei veränderten Umständen wird die Vertragsgrundlage und damit der Bestand des Vertrages in Frage gestellt. Entsprechendes gilt für die sog. Erhöhung der Gefahr. Die Erhöhung der Gefahr ist versicherungstechnisch und ökonomisch erheblich, die Veränderung der Vertragsgrundlage durch Eintritt von Bedingungen, welche das Wirksamwerden der Ursache erleichtern, ist rechtlich erheblich. Die rechtliche Erheblichkeit besteht in der Unwirksamkeit des alten Vertrages mangels Übereinstimmung der Parteien über die wesentlichen Umstände infolge deren erheblicher Veränderung, bzw. mangels der zu vereinbarenden Neugestaltung der rechtlichen Beziehungen gemäß den veränderten Tatsachen mittels Umgestaltung des alten oder Begründung eines neuen Vertrages mit der früheren oder erhöhten Leistungspflicht bei erhöhter Prämie, einer Neugestaltung, zu deren Herbeiführung der Versicherte, zu deren Vornahme beide Parteien vertraglich oder gesetzlich verpflichtet sind oder werden sollten.

d) Der Entwurf und die herrschende Theorie stehen irrigerweise auf dem entgegengesetzten Standpunkt. Unseres Erachtens macht es jede wesentliche Veränderung der Umstände fraglich, ob noch Identität der Schadensursache, der Schadenswirkung und der Leistungspflicht des Versicherers besteht, ob also beim Eintritt des Versicherungsfalles unter den veränderten Bedingungen der eingetretene Schaden noch unter den Vertrag fällt. Mir scheinen diese tief in den tatsächlichen Gegebenheiten ruhenden rechtlichen Verhältnisse so sehr der Wirklichkeit zu entsprechen, daß sie jedes Gesetz anerkennen muß, mag es sie immer mit Recht in einigen harten Folgerungen aus rechtspolitischen Gründen beschränken. Jene Gefahrumstände, deren Erhöhung nach dem Entwurf in Frage kommen soll, sind essentialia des Versicherungsvertrages; in ihnen wird die Schadensursache lebendig und führt zur Schadenswirkung; in ihnen hat die letztere ihre versicherungsvertragsrechtliche Existenz; auf dem Vorhandensein aller dieser tatsächlichen Beziehungen von Gefahrumstände, Schadensursache und Schadenswirkung, ruhen die Leistungspflichten und die Rechte des Versicherers und des Versicherten. Wird die Grundlage verschoben, so fallen die Pflichten und Rechte aus dem Vertrage hinweg, wenn dieser nicht besondere, aus seiner rechtlichen Natur nicht folgende Bestimmungen für diesen Fall enthält, oder wenn das Gesetz nicht entsprechende Vorschriften aufstellt. Diese müssen aber oder sollten doch die in der Natur des Vertrages gegründeten Rechtsbeziehungen wenigstens insoweit gelten lassen, als die Wirksamkeit des Vertrags mit wesentlicher Veränderung seiner tatsächlichen Grundlage aufhört, falls nicht der Versicherer rechtzeitig vor Eintritt des Versicherungsfalles benachrichtigt wird und in eine Veränderung des Vertrages bezw. die Begründung eines neuen willigt, oder wenn der Versicherte nicht den Nachweis führt, daß ihn kein Verschulden trifft. Der Versicherer sollte zu dieser Umänderung des Vertrages verpflichtet werden, wenn er rechtzeitig benachrichtigt wird und die Umgestaltung des Vertrages innerhalb seines Geschäftsplanes liegt. Sind die vorstehenden Ausführungen richtig, dann ist der vieldeutige Gefahrbegriff über den Versicherungsvertrag zu eliminieren, da aus Gründen gesetzgeberischer Ökonomie Begriffe, die für die zutreffende Regelung entbehrlich und verwirrend sind, zu vermeiden sind.

Als eine der Folgerungen aus dem Gesagten ergibt sich weiter die terminologisch andere Fassung der oben aufgestellten Bestimmungen über die Gefahrerhöhung: *Die Leistungspflicht des Versicherers wird fällig beim Eintritt des im Vertrage genau bestimmten Ereignisses unter den im Vertrage angegebenen Umständen. Die erhebliche Veränderung dieser Umstände berechtigt den Versicherer zur Verweigerung der Leistung, wenn er für diesen Fall den Vertrag überhaupt nicht oder nicht so, wie es geschehen ist, abgeschlossen haben würde, und wenn der Versicherte ihn schuldhaft nicht rechtzeitig davon in Kenntnis gesetzt hat.*

Liegt ein Verschulden des Versicherten nicht vor, so ist der Versicherer erst nach Ablauf eines Monats von dem Zeitpunkte an, wo der Versicherte von der erheblichen Veränderung der dem Vertrage zugrunde liegenden Umstände Kenntnis erhalten hat, zur Verweigerung der Leistung befugt.

Die Befugnis steht dem Versicherer nicht zu, wenn ihm der Versicherte zugleich mit der rechtzeitigen Anzeige von der erheblichen Veränderung der Umstände die den veränderten Umständen entsprechende höhere Prämie anbietet, es sei denn, daß Verträge der angebotetenen Art außerhalb seines Geschäftsplanes liegen. Ist dies der Fall, so kann der Versicherer die Befugnis, zur Verweigerung der Leistung erst einen Monat nach Abgabe der entsprechenden Erklärung geltend machen.

Die letztaufgestellte Forderung der Beseitigung des Gefahrbegriffs gilt für diejenigen Versicherungsvertragsarten, aus deren Betrachtung sie abgeleitet worden, für den reinen Schadensversicherungsvertrag, also für Hagel-, Vieh-, Feuer-, Transport- und in gewissem Sinne auch für den Unfall-Versicherungsvertrag, und ist, wie das vorangestellte Beispiel zeigt, unschwer durchzuführen, wenn man, wie erforderlich und gar nicht anders möglich, den Vereinbarungen der Parteien in tatsächlicher Beziehung mehr Spielraum läßt, was schließlich ja durch die Terminologie des Entwurfs auch geschehen ist. Um wie viel mehr gilt die Forderung für die beiden Versicherungsvertragsarten, welche in dem Sinne wie die genannten Verträge auch nicht das Mindeste mit dem Schadens-Versicherungsvertrage zu tun haben: Für den Haftpflicht- und den Lebensversicherungsvertrag.

e) Ein Wort in diesem Zusammenhange noch bezüglich des Haftpflicht-Versicherungsvertrages. Bei einem Vergleich mit den anderen Versicherungsvertragsarten und mit dem Lebens-Versicherungsvertrage hat sich ergeben, daß bei ihm als Schadensursache das Verschulden des Versicherten in Frage kommt. Als Gefahrumstände, als die Bedingungen und Möglichkeiten, unter welchen jene wirksam werden könnten, müßten hier dann die Rechtsvorschriften gelten, welche ihn wegen seiner nicht vorsätzlich begangenen, widerrechtlichen Handlung zu einer Leistung an einen Dritten verpflichten. Oder auch umgekehrt ist in jenen Vorschriften die Schadensursache und in dem Verschulden der Gefahrumstand gelegen; bei dem Schadens-Versicherungsvertrage aber ist es immer ein in der Natur gegebenes und wirkendes Ereignis, welches Gegenstand des Vertrages sein soll. Auch die Art der eingetretenen Schadenswirkung unterscheidet sich von der den Schadens-Versicherungsverträgen untergeordneten Art bekanntlich insofern, als bei dem Haftpflicht-Versicherungsvertrage allein der Schaden in einer Belastung des Vermögens des Versicherten mit einer Verpflichtung gegenüber einem Dritten besteht. Es gilt hier nicht der Satz des Schadens-Versicherungsvertrages pretium succedit in locum rei. So sind gerade vom Standpunkt des Entwurfes aus die Grundbegriffe des Versicherungsvertrags: „Gefahr und Schaden" bei Schadens- und Haftpflicht-Versicherungsvertrag grundverschieden. Daher ist die Einordnung des letzteren unter den ersteren weder verständlich noch begründet. Für einen Nachweis im einzelnen ist hier kein Platz. Es geht eklatant auch daraus hervor, daß Nummer II Veräußerung der versicherten Sache § 66 ff. im ersten Titel des zweiten Abschnittes mit der Überschrift: „Vorschrift für die gesamte Schadens-Versicherung" und die Bestimmungen unter I: „Inhalt des Vertrages" § 45 ff. über Unter-, Über- und Doppel-Versicherung, sowie einzelne andere Bestimmungen unter I überhaupt keine Anwendung auf den Haftpflicht-Versicherungsvertrag finden können. Nebenbei sei hier angemerkt, daß Nummer III „Versicherung für fremde Rechnung" § 74 ff. gar nicht in den Titel über die Vorschriften für die gesamte Schadens-Versicherung gehört, weil eine solche auch beim Personen-Versicherungsvertrag in Betracht kommt.

f) Auf das Merkmal der Ungewißheit im Gefahrbegriff, welches nach allem vielleicht noch als wesentlich hingestellt werden könnte, gehe ich angesichts des Lebens- und Vieh-Versicherungsvertrags auf den Todesfall, wo es offenbar nicht vorliegt, sowie auch mit Rücksicht darauf nicht näher ein, als es letzten Endes ein Motiv ist, das seine versicherungsrechtliche Gestaltung in der Bedingung oder Befristung der Leistungspflicht des Versicherers durch den Eintritt der im obigen Sinne bestimmt angegebenen Schadenswirkung findet.

g) Schauen wir rückwärts, so lassen sich unschwer die Fehlerquellen aufdecken, welche bei den Regelungen des Entwurfes maßgebend gewesen sind. Sie sind schon mehrfach angedeutet worden. Sie liegen alle in der einleitungsweise hervorgehobenen Richtung, daß juristische und ökonomische Begriffsbildung, logische und kausale Betrachtungsweise, Gegenstand der Versicherung und Gegenstand des Versicherungsvertrages nicht scharf genug geschieden worden sind. So ist es möglich gewesen, daß bei den Kausalzusammenhängen der Versicherung etwas — Schaden und Gefahr — als formal gleich herausgehoben wurde, was nicht zutrifft, wenn man es als solches in Beziehung setzt zu den Hauptverpflichtungen und -berechtigungen des Versicherungsvertrags, und wenn man, nicht nach dem Satz von Ursache und Wirkung, sondern nach den Sätzen und der Unterscheidung von Grund und Folge, rechtlichem Mittel zu wirtschaftlichen Zwecken, von Motiv und rechtlicher Gestaltung desselben allein die juristischen Unterschiede klarstellt.

III. Teil.

Der Schadensbegriff im Entwurf.

I. Schaden und Interesse.

1. Der Schaden gilt als das wichtigste und unentbehrliche Requisit des Versicherungsvertrags. Vom Schadensgesichtspunkte aus hat man alle Versicherungsarten unter ein genus bringen wollen; in Beziehung zu ihm haben alle anderen überlieferten Rechtsbegriffe des Versicherungsvertragsrechtes ihre Existenz. Dieser Grundbegriff des Versicherungsvertrags steht nun nicht ganz isoliert da; ihm wird der Platz, wie wir sahen, durch den Gefahrbegriff streitig gemacht. Er ist abzugrenzen gegen alle die Nebenbedeutungen, welche in seinen Zusammensetzungen wie Schadensmöglichkeit, Schadensursache, Schadenswirkung, Schadensersatz, in Beschädigung, Entschädigung enthalten sind, und insbesondere auch gegen den Interessebegriff.

2. Der Entwurf wendet Schaden und Interesse als zwei verschiedene Begriffe an. Dies geht deutlich aus den § 45 ff. hervor. Nach den hier getroffenen Bestimmungen ist der Schaden etwas Derbes, Reelles, in der Welt der äußeren objektiven Tatsachen Vorhandenes — das Interesse etwas Spekulatives, der Schätzung Unterliegendes, in der Welt der inneren subjektiven Tatsachen Gelegenes. Auf der anderen Seite wieder gilt der Schaden seinem Eintritt nach für zweifelhaft, als etwas

seinem Umfange nach Ungewisses, während das Interesse eine von vornherein klar zu bestimmende, freilich im Laufe des Versicherungsvertrags wandelbare Größe hat. Schließlich gilt letzteres als der Grenzwert und Maßstab für die Höhe der Versicherungssumme, ersterer als Grenzwert und Maßstab für die Höhe der Leistung des Versicherers. Nach früheren Ausführungen bedarf es keiner näheren Begründung, daß die letzten Bedeutungen als juristisch erheblich allein in Betracht kommen. Interesse und Schaden fallen zusammen, wenn die Höhe der Versicherungssumme die Leistungspflicht des Versicherers ausdrückt. Das Verhältnis der beiden letzteren bestimmt sich nach den ersteren und umgekehrt, jedoch mit einem wichtigen Unterschied! Die Kenntnis des Verhältnisses der beiden ersten Glieder der Proportion, Interesse und Höhe der Versicherungssumme, ist im Falle des sogenannten Über-Versicherungsvertrags rechtlich unerheblich, wenn ich die beiden anderen funktionell abhängigen Glieder, Schaden und Leistungspflicht des Versicherers kenne. Dies spricht auch § 50 des Entwurfes deutlich aus. Beim Eintritt des Versicherungsfalles, das ist in unserer Ausdrucksweise bei Wirksamkeit der Leistungspflicht des Versicherers, soll sich der Umfang derselben im Falle des sogenannten Unter-Versicherungsvertrags nach dem Verhältnis der Versicherungssumme zum Wert des versicherten Interesses im Augenblick des Versicherungsfalles bestimmen (§ 51). Die in den Motiven angegebenen Beispiele und Erläuterungen lassen den rechtlichen Standpunkt des Entwurfes in einer neuen Bedeutung des Verhältnisses der Begriffe Interesse und Schaden erkennen.

Die Leistungspflicht des Versicherers richtet sich nach der Größe des Schadens, aber die Größe des Schadens ist ebensowenig eine feste, wie der Wert des versicherten Interesses. Beides sind höchst schwankende Erscheinungen in der Flucht der Tatsachen; fest steht allein die Versicherungssumme. Aber sie ist doch nur ein vom Versicherungsinteresse geschaffenes Geschöpf und gilt daher seit Erschaffung als funktionell abhängig von ihm.

Erste Folgerung: Der Gegenstand des Schadens-Versicherungsvertrags liegt in dem Wert des versicherten Interesses.

Daraus ergibt sich nun weiter: Das versicherte Interesse ist das Abbild der wirtschaftlichen Wirklichkeit, und die daran geknüpften Rechte und Pflichten der Parteien sind die Elemente des Versicherungsvertrags.

Zweite Folgerung: Schaden in seiner versicherungsrechtlichen Bedeutung steht in Beziehung zu dem versicherten Interesse; nur in bezug auf dieses gibt es einen Total- oder einen Teilschaden, je nachdem er es ganz oder nur zum Teil ausfüllt.

3. Das versicherte Interesse findet seinen rechtlichen Ausdruck in der Versicherungssumme; der Schaden, als die wirklich eingetretene Beeinträchtigung des Vermögens durch Wertminderung des beim Vertragsschlusse spekulativ abgeschätzten Interesses an dem Vermögen, ist somit accidentale des versicherten Interesses und richtet sich nach dem Verhältnis der Fiktion einer anfänglich richtigen, möglicherweise aber schon gleich nach dem Anfange ganz unzutreffenden Versicherungssumme zu der Wirklichkeit des mit dem Schadenseintritt vorhandenen Interesses. Der eingetretene Schaden sagt also über den Umfang der Leistungspflicht des Versicherers nichts aus, sondern vielmehr nur über wirtschaftlich nachteilige Vermögensveränderungen, deren rechtliche Bedeutung für die Leistungspflicht sich erst als Ergebnis des Verhältnisses von Interesse und Versicherungssumme ableiten läßt.

Hiernach ist es unzutreffend, was unter 1 gesagt wurde. Der Schaden gilt nicht mehr als unmittelbarer Gegenstand, als Zentralbegriff des Versicherungsvertrags, sondern das versicherte Interesse. Diese von der herrschenden Theorie übernommene Auffassung des Entwurfes hat die besondere Eigenschaft, daß sie sich auf einen Begriff stützt, dessen Inhalt in den allerseltensten Fällen eine feste, endgültig faßbare Größe hat. Nicht verständlich ist es, warum der Entwurf der Personen-Versicherung nicht die Interesse-Versicherung statt der Schadens-Versicherung gegenüberstellt. Der Ausdruck Interesse-Versicherung würde seinen Standpunkt am treffendsten wiedergeben. Oder hat der andere Ausdruck in anderen als den bisher besprochenen seine Stelle gefunden? Die Gründe für die Auffassung des Entwurfes sind nach den Motiven S. 101 in den unbilligen und nicht zu rechtfertigenden Ergebnissen einer anderen Berechnungsweise gelegen. Freilich wird selbst auch zum Schluß auf Nachteile für den Versicherten hingewiesen, welche der im Entwurf vertretene Standpunkt mit sich bringt. Der Entwurf hat also offenbar geglaubt, von zwei Übeln das kleinere wählen zu sollen. Es mag zunächst noch dahingestellt bleiben, ob ihm dies gelungen ist, vielmehr sollen im folgenden kurz einige rechtliche Gesichtspunkte über das hier vorliegende Problem ihre Stelle finden.

4. Rechtlich liegt dem Standpunkt des Entwurfes die anzuerkennende und vielleicht wichtigste allgemeine Regel zugrunde, nach welcher die Rechtsordnung nur ganz ausnahmsweise Fiktionen aufstellen darf, das sind also Rechtssätze, welche den Tatsachen widersprechen und durch sie widerlegt werden können. Ist das versicherte Interesse Gegenstand des Versicherungsvertrages, so muß sich konsequenterweise mit dem Wert des ersteren die Grundlage des letzteren ändern; anderenfalls würde ja der Vertrag auf eine Leistung gehen, welche sich von der Wirklichkeit, die in dem Wert des versicherten Interesses gegeben, ihrem Werte nach entfernte, ihr widerspräche und damit eben fiktiv würde.

Um nicht das versicherte Interesse als eine von Entstehung bis zur Auflösung des Versicherungsvertrages feste Größe zu fingieren, läßt der Entwurf ihn wertgetreu und genau der Wirklichkeit entsprechen und, um dies durchzuführen, gestaltet er den ganzen Versicherungsvertrag, ohne es zu wissen, zu einer Fiktion. Ist der Wert des versicherten Interesses Gegenstand des Versicherungsvertrages, so muß ersterer als solcher ein bestimmter sein, wenigstens in dem Sinne, daß die jedesmalige Wirklichkeit über seine Größe entscheiden soll. Ganz genau bekannt und deshalb von vornherein zu bezeichnen ist nur der Wert beim Abschluß des Versicherungsvertrages. Diesem entspricht denn auch die Versicherungssumme und die Prämienhöhe. Wie sich nun auch der Wert des versicherten Interesses verändern möge, die wichtigsten Pflichten und Rechte der Parteien, die in der Versicherungssumme und Prämienhöhe ihren Ausdruck gefunden haben, verlieren ihre Wirklichkeitsgrundlage, wenn ihre Übereinstimmung mit dem wahren Wert verloren geht, sie werden notwendig zu Fiktionen. Ja noch weiter: Sie werden notwendig rechtsungültig. Die Versicherungsverträge individualisieren sich nach dem versicherten Interesse. Dies geht auch aus §§ 53,

54 hervor. Aber, bis zu Ende gedacht, nicht bloß nach dem versicherten Interesse, sondern auch nach dessen einzelnen Werten. Dies läßt sich aus § 54 begründen, und ergibt sich eben daraus, daß der Entwurf dasselbe versicherte Interesse historisch in verschiedene Werte zerlegt hat. Nun ist aber das versicherte Interesse mit den verschiedenen Werten a, b, c, d usw. ad infinitum nicht immer ein und dasselbe X, sondern zerfällt in die verschiedenen Interessen Xa, Xb, Xc usw.; so löst sich schließlich der ursprüngliche Versicherungsvertrag mit dem Gegenstande X auf in unzählige einzelne Versicherungsverträge mit den verschiedenen Gegenständen Xa, Xb, Xc usw.; und konsequenterweise müßten sich gemäß der Verschiedenheit der Interessen auch die von ihnen abhängigen Versicherungssummen und Prämienhöhen ändern. Geschieht dies nicht, so ist das Festhalten an dem ursprünglichen Versicherungsvertrage ein Operieren mit einem vom Standpunkte des Entwurfes aus nicht mehr vorhandenem Rechtsverhältnisse; denn daß der Wert einer Sache am Anfang und Ende des Versicherungsvertrages immer derselbe bleiben sollte, ist bei der Vergänglichkeit der Dinge so gut wie ausgeschlossen. Der Entwurf müßte also einen Rechtssatz enthalten, nach welchem Versicherungssumme und Prämienhöhe funktionell dem Werte des versicherten Interesses entsprechen; und daß diese tatsächlichen Verhältnisse bei Möglichkeit des Nachweises von jeder Partei aufrechnungs-, abrechnungs- und gar forderungsweise geltend gemacht werden können.

5. Die Unmöglichkeit, Schaden und Interesse als zwei gesonderte Begriffe zu behandeln, ergibt sich auch aus einer Betrachtung der praktischen Beispiele, welche die Motive auf S. 101 geben:

Bei Abschluß des Versicherungsvertrages sei:
Die Versicherungssumme eines Warenlagers = 160000.
Der Wert dieses Warenlagers = 200000.

Bei Ausbruch eines Brandes sei:
a) Der Wert desselben Warenlagers = 180000.
Der Schaden desselben Warenlagers = 45000.

Der Entwurf berechnet den Umfang der Leistungspflicht des Versicherers (x):

x : 45 000 = 160 000 : 180 000 = 40 000.

Übliche Berechnung:

x : 45 000 = 160 000 : 200 000 = 36 000.

In letzterer erblicken die Motive eine Unbilligkeit gegen die Versicherten.

Bei Ausbruch des Brandes sei:

b) Wert des Warenlagers = 240 000.
Schaden = 200 000.

Berechnung des Entwurfes:

x : 200 000 = 160 000 : 240 000 = 133 333,33.

Übliche Berechnung:

x : 200 000 = 160 000 : 200 000 = 160 000.

In letzterer Berechnung erblicken die Motive ein unhaltbares Ergebnis, das sich gegen den Versicherer wendet. Sie übersehen auch nicht die bedenkliche Konsequenz der Berechnungsweise des Entwurfes, daß sich nämlich bei einem Steigen des Versicherungswertes der Teil des Schadens, für welchen der Versicherer einzustehen hat, verhältnismäßig mindert, meinen aber, diesem Nachteile könne durch eine Nach-Versicherung vorgebeugt werden.

Nach dem Beispiele unter a) führt die übliche Berechnungsweise zu unbilligen bezw. nachteiligen Ergebnissen, nach dem unter b) sie und die des Entwurfes. Ganz befriedigt also auch nach den Motiven die Berechnungsart des Entwurfes nicht. Wird dem nun wirklich nachgeholfen durch einen Nach-Versicherungsvertrag?

Nehmen wir an, zu a) wäre ein Nach-Versicherungsvertrag über 20 000, zu b) ein solcher über 80 000 geschlossen und zwar je bei einem anderen Versicherer, so haften in diesem Falle die anderen Versicherer je nach dem Verhältnis dieser Summe zu 180 000 bezw. 240 000, also mit 5000 bezw. 66 666,666. Wie aber stellt sich nun das Verhältnis der beiden Unter-Versicherungsverträge? Was will und kann der Versicherte tun, wenn er zu dem Nachversicherer kommt, und dieser ihm erklärt, die 5000 bezw. 66 666,66 seien schon in den 40 000 bezw. 133 333,33 enthalten? Und wenn der Versicherer erklärt: die Beträge aus dem Nach-Versicherungsvertrag bringe ich in Abzug? Der

Entwurf hat keine Rechtsregeln aufgestellt, welche auf diese Frage eine Antwort geben könnten. Von seinem Standpunkte aus muß auch jeder Nach-Versicherungsvertrag bei einem anderen Versicherer sich als Doppel-Versicherungsvertrag darstellen. Würden aber selbst die 20000 bzw. 80000 als besonders nachversichertes Interesse zum Gegenstand eines neuen Versicherungsvertrages, so besteht auch keine Möglichkeit, wie man dieses von dem unterversicherten Interesse unterscheiden sollte. Denn der Nach-Versicherungsvertrag kann wohl den Nachversicherer binden. Wie aber sollte er ohne gesetzliche Bestimmung und ohne nachträgliche Vereinbarung den Erstversicherer zwingen, die beiden Interessen nicht zu identifizieren und nicht das nachversicherte Interesse von dem seinen in Abzug zu bringen?

Die objektivierende Methode des Entwurfes führt also nicht zum Ziele. Vielleicht tut dies eine mehr die rechtserheblichen Willensbeziehungen der Parteien zugrunde legende Betrachtungsweise.

6. Es gibt eine Fiktion, welche juristisch berechtigt ist: das ist diejenige, welche gegründet ist auf die Realität des Willens der Vertragsparteien. Der § 2 des Entwurfes gibt hierfür ein gutes Beispiel.

Wird der Wert einer Sache beim Abschluß des Schadens-Versicherungsvertrages in der Versicherungssumme bestimmt festgelegt, so kann darin eine Vereinbarung erblickt werden, nach welcher dieser Wert für die vertragschließenden Teile so lange maßgebend sein solle, bis einer derselben eine auf Abänderung gerichtete Erklärung abgeben würde. Der Vertrag geht dann dahin, daß bis zur Höhe der Versicherungssumme alle Schäden voll ersetzt und entsprechende Prämien gezahlt werden sollen. Fingiert wird dabei kraft Willensübereinstimmung der vertragschließende Teile, daß die Versicherungssumme den Wert der Sache zum Ausdruck bringe und das Wertverhältnis während der Dauer des Vertrages konstant bleibe. Weist der Versicherer nach, daß die Versicherungssumme beim Abschluß des Versicherungsvertrags objektiv niedriger war als der Wert der Sache, so gilt der Versicherte beim Eintritt eines Schadens für den fehlenden Betrag als sog. Selbstversicherer, und der Versicherer braucht dann nur im Verhältnis der Versicherungssumme zum wirklichen Wert Ersatz zu leisten. Dasselbe würde zu gelten haben, wenn der Versicherte schuldhaft den Wert der Sache unrichtig angegeben hat. Ist nun beim Eintritt des Schadens die Versicherungssumme wesentlich niedriger als der Wert der Sache, so erscheint es für den Fall, daß den Versicherten kein Verschulden trifft, nicht unbillig, wenn er einen Teilverlust wie den gänzlichen Verlust ersetzt bekommt.

Ohne Beziehung zu dem Willen und Willensmängeln der vertragschließenden Teile gibt es keine Unbilligkeit, oder sie besteht darin, daß man jene Beziehung ignoriert.

Hat ein Kaufmann ganz vorübergehend, ohne Zeit zum Abschluß eines Versicherungsvertrags zu finden, sein Warenlager um einen Wert von 40000 Mk. über die ursprüngliche Versicherungssumme von 200000 Mk. erhöht und trifft ihn dann ein Schaden von 200000 Mk., so erscheint ein Ergebnis nicht unbillig, nach welchem er die ganze Versicherungssumme von 160000 Mk. erhält. Zu berücksichtigen dürfte sein, daß nicht notwendig eine Vermengung der ursprünglich versicherten und der zugebrachten Sachen stattgefunden haben braucht, und daß der Schaden die ersteren allein getroffen haben kann, ferner auch, daß die Übereinstimmung der vertragschließenden Teile beim Schadens-Versicherungsvertrage primär den ganzen ohne Verschulden des Versicherten eingetretenen Schaden decken will. Dem Versicherer geschieht kein Unrecht, wenn er, wie bisher, in dem angegebenen Fall den Teilschaden wie den Totalschaden deckt, da es ja seinem Willen entspricht bis zur Höhe der Versicherungssumme den ganzen eingetretenen Schaden zu ersetzen; dem Versicherten aber geschieht ein Unrecht, wenn man dem Versicherer gestattet, gegen seine eigenen mit denen des Versicherten übereinstimmenden Erklärungen nach Abschluß des Vertrages dessen Inhalt bei Fälligkeit seiner Leistung im Versicherungsfalle anfechten zu können oder doch enger auszulegen, als er ursprünglich gewollt hat. Die Parallele zu den Bestimmungen des Entwurfs über die Gefahrerhöhung drängt sich auf. Es ist unersichtlich, warum man dort den Mangel des Verschuldens auf seiten des Versicherten berücksichtigt hat, im vorliegenden Falle aber nicht. Hat man be

Erhöhung der Möglichkeit des Schadenseinttitts unmittelbar keine Veränderung der Vertragsgrundlagen und keine Unwirksamkeit des Vertrags angenommen, beides vielmehr von dem Verschulden des Versicherten abhängig gemacht, so hätte man konsequenterweise bei Erhöhung oder Erniedrigung des versicherten Interesses nicht anders verfahren sollen. Freilich in allen Punkten trifft die Analogie nicht zu. Vorliegend würde der Versicherte nachzuweisen haben, daß versicherte Sachen von dem Schaden betroffen wurden; hat er andere zugebracht oder mit ihnen vermengt, so sind diese überhaupt nicht Gegenstand des Versicherungsvertrages. Auch bei einem Versicherungsvertrage über ein Warenlager und ein nur dem Umfange, nicht den Gegenständen nach bestimmtes versichertes Interesse läßt sich der letztere Gesichtspunkt durchführen. Das Warenlager oder das Interesse an seinem Werte bezieht sich auf einen, in jedem Augenblick nach den kaufmännischen Büchern oder sonstwie feststellbaren Inbegriff von Sachen, die, je nach dem Zeitpunkte, in welchem sie in das Warenlager aufgenommen werden, so lange unter den Versicherungsvertrag fallen, als dessen Versicherungssumme durch ihren Wert nicht überstiegen wird, andernfalls aber mit den übersteigenden Beträgen als nicht versichert gelten. Die hiermit erforderliche verschiedene Behandlung der vielleicht gleichen oder gar zusammenhängenden Sachindividuen mag zu praktischen Schwierigkeiten führen, welche, wenngleich zu überwinden, vielleicht eine Regelung in der Richtung des Entwurfs nahe legen. Dabei sollte aber der Versicherer bei mangelndem Verschulden des Versicherten zur Ersatzleistung bis zur vollen Versicherungssumme, eventuell unter Gewährung eines Anspruchs auf höhere Prämie, verpflichtet werden entsprechend des bei der unterstellten Ansicht durchaus analogen Falles der Gefahrerhöhung. Will man dem gegenüber dem Versicherer bei Erhöhung des versicherten Interesses nach Vertragsabschlusse die Vergünstigung gewähren, auf die er praktisch längst verzichtet hat, will man also wirtschaftlicher Auffassung gemäß den wirklichen Wert der versicherten Sache zur Zeit des Versicherungsfalles zur Grundlage der Schadensregulierung machen, dann sollte man wenigstens, wenn man die „Vergünstigung" von dem Verschulden des Versicherten nicht abhängig machen will, dem Versicherer die Beweislast für die Tatsachen der Unter-Versicherung und das Verschulden des Versicherten bei und nach Abschluß des Versicherungsvertrages und zur Zeit des Schadenfalles auferlegen. Nach § 51 des Entwurfes würde wohl der Versicherte nach allgemeinen Regeln die Substantiierungspflicht haben, wenn der Versicherer behauptet, es läge ein Unter-Versicherungsvertrag vor; denn vom Standpunkt des Entwurfes aus streitet keine Vermutung dafür, daß die Versicherungssumme dem Versicherungswert entspricht. Für die Einführung einer solchen Vermutung spricht aber die praktische Erwägung, daß der Versicherte häufig nicht in der Lage ist, den wirklichen Wert der Sache abzuschätzen. Gewöhnlich wird er den Anschaffungs- oder einen Neuanschaffungswert einsetzen. Werden die Sachen aber von einem Agenten des Versicherers abgeschätzt, so besitzt dieser zu der Abschätzung keine Vertretungsmacht für den Versicherer. Dieser ist also in keinem Falle durch Angabe und Annahme der ihm im Antrage bezeichneten Versicherungswerte gebunden und kann immer auf die Wirklichkeit zurückgreifen und dem Versicherten die oft schwierige Beweislast überwälzen. Die Einführung obiger Vermutung würde ihn zwingen, auch seinerseits den wirklichen objektiven Wert zu erforschen. Nur so allein, scheint uns, kann eine feste rechtliche Grundlage für die Verpflichtungen und Berechtigungen des Versicherers und Versicherten geschaffen werden.

II. Die verschiedenen Bedeutungen des Wortes: Schaden.

1. Das Wort: Schaden ist bisher inhaltlich vorausgesetzt worden. In welchen Wendungen und Bedeutungen gebraucht es der Entwurf? Einen Schaden im Sinne von Vermögensschaden gibt es nur für das Vermögen von Personen als Subjekten von wirtschaftlichen Gütern. Ein Schaden ohne Beziehung zu einer Person, welche er trifft, ist nicht vorstellbar. Im wirtschaftlichen Sinne hat er zwei Bedeutungen: Veränderung der wirtschaftlichen Lage einer Person und der Wertbetrag dieser Veränderung. Entsprechend im rechtlichen Sinne, die nachteilige Veränderung ihres Vermögens als des Inbegriffes aller geldwerten Rechte und Pflichten und des Umfanges dieser Ver-

mögensveränderung. Im naturwissenschaftlichen Sinne ist der Schadensbegriff Inbegriff der Tatsachen, welche als Ursache jener nachteiligen Veränderung der wirtschaftlichen Lage einer Person, sowie als Wirkung anderer Ursachen, und auch Inbegriff der Tatsachen, welche als Wirkung ihnen zugrunde liegen (Beschädigung), sowie der Kausalzusammenhang, welcher zwischen den beiden Gruppen von Tatsachen besteht.

2. Alle Bedeutungen finden wir im Entwurf vertreten, und da sie nicht scharf voneinander geschieden werden, so ist es auch unmöglich, eine solche Scheidung ungezwungen vorzunehmen, wenn wir jetzt den Wendungen, in welchen er von dem Worte: Schaden Gebrauch macht, folgen. Ich gebe zunächst wieder zur besseren Nachprüfung das Material.

Von den Pflichten des Versicherers, den Vermögensschaden zu ersetzen, sprechen die §§ 1, 61, 82; nach den §§ 51, 52, 62, 81, 109 Abs. 2, 135 hat er für den Schaden zu haften. Der § 60 kennt eine Ermittlung und Feststellung des dem Versicherer zur Last fallenden Schadens, der § 61 einen Übergang des Anspruches des Versicherten auf Ersatz des Schadens gegen einen Dritten und die Befreiung des Versicherers von seiner Ersatzpflicht.

Der Versicherte hat für die Abwendung und Minderung des Schadens zu sorgen nach §§ 56, 58, er kann nicht mehr als den Betrag des Schadens verlangen § 54, er erleidet infolge eines Zusammenstoßes von Schiffen dadurch Schaden, daß er den einem Dritten zugefügten Schaden zu ersetzen hat § 121 Abs. 2.

Schließlich kennt der Entwurf den Schaden noch in einer objektiven Bedeutung, daß er an einem Gebäude oder Bodenerzeugnissen, in einem Bezirk entstanden §§ 57 Abs. 2, 92 und 103, aus etwas entstanden § 123, durch etwas entstanden §§ 81, 82, 103, 109 Abs. 1 und 2, 115 Abs. 2, daß jemand ihn verursacht hat § 61 Abs. 2, daß er durch etwas §§ 1, 62, 83, 122 Abs. 1 Ziffer I, 123 Ziffer II, 135, oder durch jemand 122 Ziffer II verursacht wird oder ist, daß er die versicherten Sachen durch etwas trifft § 82 Abs. 1. Von der Bestimmung der Höhe des Schadens durch Sachverständige handelt § 57, von Feststellung und Ermittlung des Schadens in verbaler oder substantivischer Wendung §§ 59, 60, 106, von dem Wert, der als Betrag des Schadens gilt, §§ 109 Abs. 1 Satz 2, 131 Abs. 2, und davon, daß gegen den Schaden Versicherung genommen ist § 115 Abs. 2 Satz 2. Als Spezialfall des Schadens nennt der § 174 die Einbuße an Erwerbsfähigkeit.

3. Schon aus dieser Zusammenstellung, wenn man sie aufmerksam vergleicht, geht hervor, daß die oben gegenübergestellten Bedeutungen des Ausdruckes: Schaden im Entwurf ungeschieden voneinander Anwendung finden. Selbst wenn die praktische Wirkung unbedenklich wäre, was mit Rücksicht auf die Rechtsprechung und deren Bedürfnisse nach technisch nicht allzu schwer zu handhabenden Begriffen nicht zutrifft, so würden doch jene Vieldeutigkeiten das Verständnis des künftigen Gesetzes erschweren und technisch und sprachlich mehr als Schönheitsmängel sein. Letztere werden noch erhöht, wenn der Schadensbegriff sich gegen Grenzbegriffe, zu welchen die schon erörterten der Gefahr, des Versicherungsfalles und des Interesses gehören, zu verteidigen hat. Von Beschädigung spricht der § 131 Abs. 2, dem Schadensersatz § 45; und der Ersatzpflicht in § 61 steht der Ersatzanspruch in § 61, die Entschädigungsforderung in §§ 76 Abs. 1, 77, 111 Ziffer 1, 147, der Entschädigungsanspruch in § 136, die dem Versicherten gebührende Entschädigung in § 146 gegenüber. In anderem Sinne als Entschädigungsanspruch gebrauchen wieder die §§ 58, 63 Abs. 2, 76 Abs. 2, 144 den Ausdruck: „Entschädigung“, nämlich in dem Sinne von Entschädigungssumme, welchen Ausdruck die §§ 93, 94, 182 anwenden.

Wodurch unterscheiden sich all die verschiedenen Ausdrücke untereinander und von den entsprechenden Zusammensetzungen oder Wendungen des Wortes: Schaden? Und warum, wenn und soweit sie sich nicht unterscheiden, wird nicht ein einziger Ausdruck angewendet, sich überall wiederholend, wo immer wieder dasselbe gemeint ist?

Daß die Art des Entwurfes sprachlich und logisch störend, technisch aber verwirrend ist, wird kaum bestritten werden können. Es würde zu weit führen, eine Prüfung aller genannten Paragraphen unter den angedeuteten Gesichtspunkten zur Darstellung zu bringen. Ein Eingehen auf einige wichtig erscheinende Paragraphen wird genügen, da sich ja die Folgerungen für die übrigen in Frage kommenden leicht ziehen lassen. Daher stellen wir uns zunächst auf den Standpunkt von der rechtlichen Natur des Schadens-Versicherungsvertrags als eines Versicherungsvertrages, welcher den Ersatz des Schadens zum Gegenstande hat.

III. Vermögensschaden und Schadensersatz.

Die rechtlichen Verpflichtungen und Berechtigungen der vertragschließenden Teile, welche beim Versicherungsvertrage an den Schaden anknüpfen, können sich nur auf den Rechtsbegriff des Schadens beziehen, wie er zu Anfang dargelegt wurde. Mit Rücksicht hierauf heißt „Haften für einen Schaden": verpflichtet sein, ihn zu ersetzen, in unmittelbaren unübertragenem Sinne: dem ursprünglichen Zustand des, sagen wir einmal, versicherten Vermögens, wie er vor dem Schaden bestand, wieder herstellen müssen. Daß und wie die rechtliche Verbindlichkeit des Versicherers im Verkehr erfüllt wird, ob dies durch Geld oder Naturalleistung geschieht, interessiert hier nicht; sie bleibt jedenfalls selbst in der abstrakten Wirklichkeit rechtlicher Beziehungen. Denn auch das Vermögen als Rechtsbegriff ist nur eine gedankliche Größe, existiert nicht anders als in der gedanklichen Welt rechtlicher Ansprüche und Verpflichtungen. Sind diese Sätze richtig, dann ist Schaden als nachteilige Veränderung des Vermögens immer entweder eine Verringerung oder ein Verlust dieser Ansprüche und eine Erhöhung oder Erfüllung dieser Verpflichtungen. Schadensersatz kann dann aber nichts anderes bedeuten als — auf seiten des Pflichtigen — eine Erhöhung oder Erfüllung der Verpflichtungen, auf seiten des Berechtigten Begründung oder Befriedigung von Ansprüchen gegen jenen. Die nachteiligen Vermögensveränderungen aber sind Schlußfolgerungen aus wirtschaftlichen und naturgeschichtlichen Vorgängen und unterliegen deren Kausalzusammenhängen nicht unmittelbar. Folglich entspringt es einer unjuristischen, naturalistischen Anschauung, wenn gesagt wird, daß der durch irgend etwas entstandene oder verursachte Schaden zu ersetzen, zu verlangen sei, daß für ihn gehaftet werde, daß er zur Last falle, anstatt, daß sich aus ihm ein Anspruch des Versicherten ergibt, der durch den Versicherer zu befriedigen ist, oder daß dieser im Falle des

Schadens verpflichtet sei, den Versicherten zu entschädigen, das heißt, ein auf Grund des Schadens festzustellendes Äquivalent aus seinem Vermögen in das des anderen zu übertragen.

Danach erscheint es angemessen, in Erwägung zu ziehen, ob der vieldeutige Ausdruck „Schaden“ in Beziehung auf die rechtlichen Verpflichtungen und Berechtigungen des Versicherers und Versicherten nicht zu vermeiden und an seine Stelle die eindeutigen Wendungen mit entschädigen oder ähnliche, das rechtliche Moment allein betonende zu setzen seien. Unterstützt wird diese Forderung durch einige unzutreffende, mit Obigem in Zusammenhang stehenden Formulierungen des Entwurfes. Von seinem Standpunkt aus dürfte der § 60 nicht, wie er es tut, von Ermittlung und Feststellung des dem Versicherer zur Last fallenden Schadens, sondern von usw. ihm zur Last fallenden Schadenersatzes sprechen. In § 54 müßte es statt „der Versicherte kann nicht mehr als den Betrag des Schadens verlangen“ mindestens heißen, den Betrag seines Schadens oder als sein Schaden beträgt. Aber auch dies ist hart. Der Schaden hat keinen Betrag, sondern nur das Vermögen des Versicherten wird um einen Betrag geschädigt, und dieser ergibt sich, wird geschlossen, wird berechnet aus dem Schaden, ist in ihm gelegen, wird nach ihm taxiert. Gemeint ist im Grund auch hier wieder Ersatz des Schadens durch Leistung eines Betrages, welcher ihm äquivalent ist. In § 121 Abs. 2 Satz 2 wird der Ausdruck Schaden in Beziehung zu dritten Personen in verschiedenem Sinne gebraucht. Der Versicherte fügt einem Dritten, so ist es wohl zu verstehen, bei einem Zusammenstoß von Schiffen einen Schaden zu, d. h. er beschädigt dessen Schiff oder Zubehör; dadurch entsteht dem Dritten ein Schaden, zu dessen Ersatz der Versicherte verpflichtet ist. Die Ersatzpflicht selbst kann nun wieder für den Versicherten ein Schaden sein, wenn sie ihm nicht kraft Vertrages oder Gesetzes abgenommen wird. Nach § 121 Abs. 2 Satz 2 haftet der Versicherer für diese Ersatzpflicht des Versicherten. Dieser würde den Schaden also jedenfalls erst dann erleiden, wenn der Versicherer nicht Ersatz leisten könnte. Schaden wird also einmal gebraucht in dem Sinne der Belastung des Vermögens des Versicherten mit einer Verpflichtung, dann in dem der Wertverringerung eines wirtschaftlichen Gutes und der Beeinträchtigung des letzteren bezüglich der Zwecke, für die es bestimmt ist, und schließlich noch in dem der nachteiligen Veränderung des Vermögens einer Person in zweifacher Anwendung einmal auf die Person des Versicherten, den der Versicherer für sie, und dann auf die des Dritten, dem der Versicherte für sie haftet. Auch in §§ 56, 58, nach welchen der Versicherte für die Abwendung und Minderung des Schadens zu sorgen hat, liegt vorwiegend die objektive naturgeschichtliche und wirtschaftliche Bedeutung des Wortes neben der rechtlichen zugrunde. Über erstere noch einige besondere Worte.

IV. Schaden als Tatsache.

Die letztgenannten Verpflichtungen des Versicherten würden, was ihre Voraussetzung anlangt, wahrscheinlich zu Streitfragen Anlaß geben. Ist die Verpflichtung in § 56 abhängig von dem Vorschuß des § 58 Abs. 1 Satz 2? Ist der Versicherte berechtigt, zuerst „Vorschuß" zu verlangen? Ist er berechtigt, auf Grund des „soweit tunlich" in § 56, bevor er seine Verpflichtungen erfüllt, Weisungen einzuholen? Und haftet er nicht, oder haftet er für ein darin gelegenes Verschulden? Und in welchem Verhältnis dürfen die Aufwendungen zu der Versicherungssumme stehen? Wäre es nicht empfehlenswert, zu sagen, welche Aufwendungen der Versicherte den Umständen nach *nicht* für geboten halten darf? Nämlich diejenigen nicht, welche in keinem angemessenen Verhältnis zur Versicherungssumme stehen.

Abwendung und Minderung des Schadens wird als etwas Verschiedenes gegenübergestellt, Abwendung ist die Unterbrechung oder Verhinderung des Kausalzusammenhanges zwischen den zum Eintritt eines Schadens hinwirkenden Ursachen und der Schadenswirkung durch Einrichtungen oder Handlungen; Minderung ist die Bekämpfung und Verringerung der Schadenswirkung nach Eintritt des Schadens. Gemeint ist der Schaden in dem doppelten Sinne als Vermögensschaden des Versicherten und Gegenstand der Ersatzpflicht des Versicherers ihm gegenüber. Es sollte also schärfer heißen: Statt *des* Schadens —

seines Schadens. Denn denkt man sich, daß mehrere Versicherte bei einem oder mehreren Versicherern von demselben Schadensereignis heimgesucht würden, so läßt der Wortlaut der §§ 50 und 58 die Annahme zu, daß jeder Versicherte verpflichtet sei, auch für Abwendung und Minderung des Schadens des anderen zu sorgen, und berechtigt, für diesen Zweck Aufwendungen zu machen. Aber auch die Abwendung und Minderung seines Schadens ist nicht Gegenstand der Verpflichtung, sondern die der Schadensersatzpflicht des Versicherers. Nur so weit deren Eintritt abgewendet oder die eingetretene ihrem Umfange nach beschränkt werden kann, ist der Versicherte hierzu, so weit tunlich, verpflichtet. Es würde also etwas deutlicher sein, unmittelbar den Gegenstand der Pflicht in die Vorschrift aufzunehmen, etwa so: § 56: Der Versicherte ist verpflichtet, soweit tunlich, den Eintritt der Leistungspflicht des Versicherers abzuwenden und, wenn dies nicht mehr möglich, den Umfang der Leistungspflicht zu beschränken usw. und in § 58: Aufwendungen, die der Versicherte in Erfüllung der Pflicht des § 56 macht.

Absichtlich sind hier die Worte des § 56 „nach dem Eintritt des Versicherungsfalles" nicht aufgenommen worden. Sie sind in dem Zusammenhang des Paragraphen logisch widerspruchsvoll und verwirrend. Mit dem Eintritt des Versicherungsfalles ist zugleich auch der Schaden eingetreten. Beides fällt zusammen. Nach Eintritt des Schadens aber kann auch vom Standpunkt des Entwurfes aus nicht von dessen Abwendung, sondern nur noch von seiner Minderung gesprochen werden.

V. Schadenstatsache und Leistungspflicht des Versicherers I.

Die Stellen, welche von der Feststellung und Höhe oder dem Betrag des Schadens handeln, geben zu ähnlichen Bedenken Anlaß wie die letztgeäußerten. Es fehlt hier überall die uns erforderlich erscheinende Beziehung zu der Leistungspflicht des Versicherers.

a) **Der Schaden hat überhaupt keine Höhe, sondern nur der Betrag, welcher als Äquivalent für ihn zu leisten ist. Deshalb sollte es in § 57 Abs. 1 statt Höhe des Schadens heißen: Umfang der Leistungspflicht des Versicherers oder, wenn durchaus der Schadensbegriff festgehalten werden soll: Die Höhe des von dem Versicherer für den Schaden zu leistenden Betrages, das ist die Entschädigungssumme.**

b) Der Schaden hat auch keinen Betrag, wie schon oben erörtert. Deshalb sollte es in den §§ 109 Abs. 1 und 2, und 131 Abs. 2 statt „Betrag des Schadens" heißen: Entschädigungssumme oder entsprechend den anderen Ausdrücken zu a.

c) Entsprechendes wie zu a und b gilt für die §§ 59, 60, 92, 106 bezüglich der dort gebrauchten Wendungen der Ermittlung und Feststellung des Schadens.

VI. Schadenstatsache und Leistungspflicht des Versicherers II.

Der erwähnte Mangel einer Beziehung zu der Leistungspflicht des Versicherers trifft fast bei allen Vorschriften zu, in welchen der Schadensbegriff Anwendung findet. Zu den geäußerten Bedenken kommen neue hinzu, wenn der Mangel in anderen Wendungen verfolgt wird.

a) Ein Schaden entsteht in einem Bezirke, und das Amtsgericht desselben soll für die Ernennung von Sachverständigen zuständig sein (§ 57 Abs. 2). Ganz zweifelsfrei ist die Vorschrift anwendbar auf den Hagel-Versicherungsvertrag. Bei den beweglichen Sachen und bei den Moventien, insbesondere auch beim Haftpflicht-Versicherungsvertrage tauchen die Fragen auf: Ist ein Schaden entstanden, wo die Schadensursache angefangen hat, zu wirken? Oder wo die Schadenswirkung eingetreten? Oder wo der Kausalzusammenhang zwischen beiden das erste Mal bemerkt worden ist? Oder nur dort, wo die Fälligkeit der Leistungspflicht eingetreten ist, und an welchem der genannten drei Zeitpunkte und der entsprechenden Orte ist letzteres der Fall? Beispiele, welche die Frage illustrieren würden, liegen zu nahe, als daß sie hier erörtert werden müßten. Die ausdrückliche Vereinbarung der Beteiligten (wer sind das?) des Satzes 2 von Abs. 2 § 57 kann über die Schwierigkeiten der geschilderten Vieldeutigkeiten nicht hinweghelfen, da sie eben nicht immer und gerade nicht in Streitfällen oder in Zweifelsfällen, wie den vorliegenden, erfolgen wird. Und was soll geschehen, wenn nun verschiedene Gerichtsbezirke sich für unzuständig erklären?

Die dispositive Natur der fraglichen Bestimmungen kann nicht gegen das Vorstehende eingewendet werden. Denn es kann unmöglich Zweck des Gesetzes sein, daß seine Bestimmungen wegen ihrer Unbestimmtheit von den „Beteiligten" regelmäßig durch Vereinbarungen außer Kraft gesetzt werden, d. h. für den praktischen Gebrauch abgeändert werden. Auch dies bedarf keiner näheren Ausführungen.

b) In § 103 muß es statt: „für den Schaden haften" heißen: für den Schadensersatz oder die Entschädigung oder Entschädigungssumme. Denn „haften" bedeutet, wie wir bereits gesagt, nichts anders als verpflichtet sein, nicht aber bedeutet es, zum Ersatz verpflichtet sein. Deshalb ist das Moment des Ersatzes eines Schadens in die Bestimmung, wie vorgeschlagen, vielleicht in Verbindung mit dem unmittelbaren Ausdruck: „hat zu leisten" statt „haftet" aufzunehmen. Jedenfalls also sollte es heißen, „haftet für Ersatz des Schadens", jedoch auch nicht des Schadens, welcher an den versicherten Bodenerzeugnissen entsteht, sondern desjenigen, welcher durch deren Beschädigung an seinem Vermögen entsteht. Soll es also heißen „hat den Schaden zu ersetzen", so würde etwa fortzufahren sein: „welcher in der Beschädigung der dem Vertrage unterworfenen Bodenerzeugnisse durch die unmittelbare Einwirkung des Hagelschlages gelegen ist oder aber, den die unmittebare Einwirkung des Hagelschlages auf die Bodenerzeugnisse verursacht." Angemessener würde es auch hier meines Erachtens sein, die Leistungspflicht des Versicherers stärker zu betonen und etwa zu sagen: Durch den Hagel-Versicherungsvertrag wird der Versicherer verpflichtet, den Versicherten für die durch den Hagelschlag verursachte Beschädigung der versicherten Bodenerzeugnisse zu entschädigen, oder auch dem Versicherten zu ersetzen, was er an seinem Vermögen durch die unmittelbare Einwirkung des Hagelschlages auf die Bodenerzeugnisse verliert.

Ähnliches wie zu § 103 gilt für die Wendung von § 92: Des an einem Gebäude entstandenen Schadens. Hier fehlt merkwürdigerweise die Angabe der Ursache, welche den Schaden zur „Entstehung" bringt.

c) Als Ursache der „Entstehung" von Schaden kommen in Betracht: der Brand, Löschen, Niederreißen oder Ausräumen bei dem Brande, unmittelbare Einwirkung des Hagelschlages, Tod oder Krankheit oder Unfall des versicherten Tieres, der nicht fahrtüchtige Zustand, die nicht gehörige Ausrüstung oder Bemannung eines Schiffes. Alle diese Fälle sind im Entwurf in Verbindung gebracht mit der Leistungspflicht des Versicherers. So weit dies aber der Fall ist, handelt es sich nicht um den Schaden, der durch sie entstanden ist, sondern um den Ersatz dieses Schadens, das ist um die Pflicht des Versicherers zur Entschädigung des Versicherten. Würde dies bei der Fassung der fraglichen Bestimmungen berücksichtigt werden, so lägen gegen sie keine Bedenken vor, wenn unter Entstehen durch jene Tatsachen immer nur und einzig der Kausalzusammenhang zwischen ihnen und dem Schaden verstanden würde und verstanden werden könnte. Mag der Ausdruck „entstehen" immerhin nicht ganz scharf sein in Anbetracht, daß im Rechtssinn nur der Vermögensschaden als eine gedankliche Größe in Frage kommt, die sich rechnerisch auf Grund von Schlußfolgerungen ergibt, aber selbst nicht unmittelbar den Kausalitäten unterliegt, — so ist er doch unter der angenommenen Voraussetzung nicht mißverständlich. Freilich wäre es aus Rücksicht auf den Willen der Parteien und die Natur des sog. Schadens-Versicherungsvertrages angebracht, die für die Bezeichnung des Kausalzusammenhanges gebräuchlichen Ausdrücke wie „bewirkt", „verursacht", statt des vagen „entstanden" oder „entstehenden" allgemein durchzuführen. Auch die anzustrebende Einheitlichkeit der Terminologie spricht hierfür. Oder soll etwa in dem Entwurf ein Unterschied gemacht werden zwischen dem Schaden, der durch jene Tatsache entsteht, und jenem, der durch andere verursacht wird? Soll etwa eine strenge und eine weniger strenge Kausalität voneinander unterschieden werden?

VII. Schadensursache, -wirkung, -folge.

Wo im Entwurf von Verursachen des Schadens die Rede ist, wird die nachteilige Veränderung der wirtschaftlichen Lage des Versicherten durch Beschädigung der Sache oder nur letztere selbst durch Einwirkung bestehender Tatsachen oder Personen gemeint. Unter Beschädigung wird, wie schon mehrfach angedeutet, die Verringerung der Gebrauchsfähigkeit einer Sache zu den Zwecken, welchen sie dient, durch Veränderung der Substanz oder Verlust von Teilen oder Aufhebung ihres Zusammenhanges mit anderen Sachen oder auf sonstige Weise verstanden.

a) Geschieht dies durch eine Person, so sprechen wir regelmäßig statt von Verursachen von Bewirken. Der Unterschied liegt darin, daß in letzterem Falle der eingetretene Schaden als vorgestellter Zweck im Vorsatz enthalten oder grob fahrlässig im Zweckbewußtsein der Person nicht enthalten gewesen ist. Ursachen wirken blind ohne Bewußtsein. In den § 61 Abs. 2 Halbsatz 2 und 122 Abs. 1 Ziff. II dürfte es demnach „bewirkt" statt „verursacht" zu heißen haben. In § 122 cit. wäre dann auch das Perfektum in aktivischer oder passivischer Form statt des Präsens zu setzen.

b) Nach § 83 gilt ein Schaden, der durch Blitzschlag oder durch Explosion verursacht ist, als Brandschaden, das ist nach § 82 Abs. 1 als ein Schaden, der die versicherte Sache durch die unmittelbare Einwirkung des Feuers oder als unvermeidliche Folge des Brandereignisses trifft. Soll diese Verweisung einen Sinn ergeben, so kann damit nur gemeint sein, daß für Feuer und Brandereignis Blitzschlag oder Explosion einzusetzen ist. In beiden Fällen (§§ 82 und 83) trifft der Schaden aber nicht die versicherte Sache, sondern nach Früherem nur das Vermögen bezw. die wirtschaftliche Lage des Versicherten in Bezug auf sie. Die Sachen werden beschädigt. Es sollte also in § 82 heißen: Der Versicherer hat dem Versicherten die Beschädigung zu ersetzen, welche usw., oder besser noch: den Schaden zu ersetzen, welchen sein Vermögen durch die usw. des Brandereignisses auf die versicherten Sachen erleidet. Die unpräzise Verweisung des § 83 wäre zu vermeiden, und der Paragraph vielleicht entsprechend § 82 so zu fassen: Der Versicherer hat dem Versicherten den Schaden zu ersetzen, welchen sein Vermögen dadurch erleidet, daß Blitzschlag oder Explosion die versicherten Sachen trifft oder: der Versicherer hat den Versicherten die durch Blitzschlag oder Explosion an den versicherten Sachen verursachte Beschädigung zu ersetzen oder hat ihn für den durch . . . verursachten Schaden zu entschädigen. Als Schaden im Sinne dieser Vorschrift gilt der Schaden, welcher die versicherten Sachen durch die unmittelbare Einwirkung des Blitzschlages oder der Explosion oder als unvermeidliche Folge des Blitzschlags oder der Explosion trifft.

Was aber bedeutet nun unvermeidliche Folge eines Ereignisses? Was der Entwurf damit gemeint hat, ergeben die Motive Seite 126: Nämlich Sachschaden, der durch das Brandereignis mittelbar verursacht wird. Zum Ausdruck ist diese Meinung in der bezeichneten Fassung nicht gekommen. Angenommen aber einmal, es stände fest, was unvermeidliche Folge ist. Dann fragt sich, wie sie gegen die unmittelbare Einwirkung des Feuers abzugrenzen ist. Fällt es noch unter den „Brandschaden", wenn festgestellt werden muß, es liegt ein Schaden vor, der vermeidlich, aber durch unmittelbare Einwirkung verursacht gewesen ist? Kann der Gesichtspunkt der Unvermeidlichkeit auf „Folge" wie auf „Einwirkung" angewandt werden, so gilt nach dem Sprachgebrauche dasselbe von dem der Unmittelbarkeit. Besteht nach dem Entwurf ein Unterschied zwischen (un)vermeidlichen (un)mittelbaren Einwirkungen des Feuers und (un)vermeidlichen (un)mittelbaren Folgen des Brandereignisses? Die Negationen lassen sich in den verschiedensten Weisen kombinieren. Besteht kein Unterschied, dann vermag der Entwurf auf die oben aufgeworfene Frage keine Antwort zu geben. Ein solcher offenbarer Widerspruch kann nicht übersehen worden sein. Der Ausdruck „Folge" muß also einen andern Sinn haben, wie der der Einwirkung, und zwar wird dieser durch den Zusatz „unvermeidlich" sowie die Auslassung der Wiederholung des Wortes „unmittelbar" verständlich. Als Folge eines Brandereignisses faßt der Entwurf den Schaden auf, welcher nicht durch unmittelbare Einwirkung des Feuers verursacht, sondern mittelbar unter Mitwirkung anderer infolge des Ereignisses in

Wirksamkeit getretener Kräfte entstanden ist. Diese Kräfte können Natur- und Kultur- oder Menschenkräfte, ihre Mitwirkung kann zweckmäßig und notwendig sein und muß daher trotz ihrer Schädlichkeit rechtlich anerkannt werden; sie kann aber auch unzweckmäßig und nicht notwendig sein und darf dann rechtlich nicht anerkannt werden. Warum stellt nun der Entwurf der unmittelbaren Einwirkung des Feuers nicht in dem dargelegten mittelbaren Sinne die notwendigen Folgen des Brandereignisses gegenüber? Damit würden nur die Naturkräfte gemeint sein; diese aber sind nun, soweit sie notwendig sind, und mittelbaren Schaden verursachen, blind, dem Zweckmäßigkeitsgesichtspunkte entzogen, der Schaden, der durch ihre Mitwirkung entsteht, ist als mittelbare Wirkung des Brandereignisses zu bezeichnen. Wird er auch durch den Ausdruck unvermeidliche Folge mitumfaßt? Wenn das Feuer auf eine Sache unmittelbar einwirkt, und diese Einwirkung sie in einen solchen Zustand bringt, daß dadurch eine andere Sache beschädigt wird, — so ist die Beschädigung der andern Sache offenbar nicht durch unmittelbare Einwirkung des Feuers verursacht; sie ist vielmehr eine mittelbare Wirkung des Feuers. Nehmen wir an, sie hätte bei einiger Sorgfalt durch Eingriff der Feuerwehr oder des Versicherten vermieden werden können, dann hätten wir einen leicht vorkommenden Schaden, der nicht als unmittelbare Einwirkung des Feuers und nicht als unvermeidliche Folge des Brandereignisses aufzufassen ist, auch nicht unter Abs. 2 des § 82 oder § 83 zu bringen ist, also nicht unter das Gesetz fällt. Und doch ist der Entwurf, wie die Motive zeigen, von ähnlichen Beispielen ausgegangen. Er hat aber das Brandereignis in dem hier fraglichen Abs. 1 von § 82 als einen menschlichem Eingriff entzogenen Naturprozeß sich vorgestellt und will die so isoliert gedachten Schadenswirkungen aus der Natur der mitwirksam gewesenen natürlichen Kräfte als „unvermeidliche Folgen" verstanden wissen. Die Art der geschilderten Kausalität wird regelmäßig meines Erachtens als mittelbare Wirkung bezeichnet. Mag dem aber sein, wie ihm wolle, der Ausdruck „unvermeidliche Folge" hat jedenfalls einen Doppelsinn, der den leitenden Gedanken der Motive und sein . . . Gegenteil zum Ausdruck bringt.

Dies geht z. T. schon aus dem Gesagten hervor, ergibt

sich insbesondere aus einer näheren Betrachtung des Wortes „unvermeidlich". Die Niederlage der Franzosen bei Waterloo war unvermeidlich, als Blücher auf dem Schlachtfelde erschien. Es war unvermeidlich, daß das Feuer um sich griff, da die Feuerwehr sich verspätete. Bei seinem Mangel an Willenskraft und dem Ausbleiben jeder Hülfe war es unvermeidlich, daß er den Kopf verlor und in einem Zustande geistiger Verwirrung die — versicherten — Sachen dem Feuer preisgab. Der Zusammenstoß war die unvermeidliche Folge der Schnelligkeit. Unvermeidlich mußten diese beiden Männer sich bekämpfen, als sie sich gegenübertraten. Die unvermeidliche Folge seines Leichtsinns und andere Beispiele mehr. Gleich ist allen Beispielen ein teleologisches Moment, eine retrospektive Art der Beurteilung eines gegebenen Tatbestandes von der schon eingetretenen oder als eingetreten vorgestellten Folge aus. Von unvermeidlicher Folge eines Ereignisses wird der Richter da zu sprechen haben, wo er die Vermeidlichkeit der Folge ausschließt, auf Grund seiner Beurteilung aller den Nichteintritt herbeiführenden Wirkungsmöglichkeiten, welche durch das Ereignis tatsächlich gegeben waren oder als solche gedacht werden konnten. Hierzu kommt noch die Beurteilung unter einem Zweckmäßigkeitsgesichtspunkt bei allen den Möglichkeiten, welche in der freiwilligen oder auch rechtlich geforderten Mittätigkeit der Menschen liegen. Vor Beurteilung ist also noch das Wort „vernünftigen" einzufügen. In dem angegebenen Sinne gehören aber auch die aus vernünftiger Beurteilung des eingreifenden Menschen erfolgten Einwirkungen auf Sachen zu den unvermeidlichen Folgen. Denn wird, wie erforderlich, unterschieden zwischen der Beurteilung des Handelnden und der des Richters über ihre Vernünftigkeit und die Berechtigung des tatsächlich erfolgten Handelns, so ist der Richter durch die und in den Grenzen der §§ 55, 56 und 58 gesetzlich gezwungen, die so erfolgten Einwirkungen zu den unvermeidlichen Folgen zu rechnen. Darf oder muß er darüber hinausgehen? Darf oder muß er gegebenenfalls hinter der gezogenen Grenze zurückbleiben?

Aus den Beispielen der Motive ist ersichtlich, daß bei der Vorschrift des Abs. 1 an das, was wir oben die unvermeidliche Folge der Einwirkung von Kulturkräften nannten, nicht gedacht worden ist; deshalb hat man den Abs. 2 zugefügt. Es steht aber nichts im Wege, die Fälle des Abs. 2 § 82, insbesondere des Satzes 1, zu den unvermeidlichen Folgen des Brandereignisses zu rechnen. Ja sie sind nach Vorstehendem die wichtigsten, wenn man nicht „unvermeidliche Folge“ und „mittelbare Wirkung“ identifizieren will.

Der Richter hat nun die Aufgabe, unter dem Gesichtspunkt des eingetretenen Schadens und der gesetzlich geforderten Einschränkung seiner Ausdehnung zu prüfen, ob er, soweit Menschen ihn herbeiführten, unvermeidliche Folge des Brandereignisses ist. Können die Einzelfälle des Abs. 2 § 82 durch den Abs. 1 restriktiv interpretiert werden? Oder muß umgekehrt dieser durch jene extensiv ausgelegt werden? Wird der § 55 durch Abs. 1 § 82 zugunsten des Versicherers erweitert? Kann demnach der Richter sagen: culpa levis hätte vermieden werden sollen, also der Schaden eine vermeidliche Folge, der Versicherer nicht schadensersatzpflichtig? Soll der § 82 dem Versicherer die Beweislast des § 55 abnehmen, da ja doch der Versicherte den Schaden substantiieren und gegenüber dem Einwande des eigenen Verschuldens dartun muß, daß es eine unvermeidliche Folge des Brandereignisses gewesen sei? Oder wird der § 55 zu ungunsten des Versicherers durch § 82 erweitert, indem dem Ermessen des Richters anheim gestellt ist, den Schaden, der auf grober Fahrlässigkeit, vielleicht gar auf Vorsatz beruht, als unvermeidliche Folge des Brandereignisses zu konstruieren und für den Ersatz den Versicherer haften zu lassen?

c) Eine unrichtige Anwendung des Ausdruckes „Folge“, findet sich auch im § 123 Ziffer II. Auch hier würde die Bestimmung etwa so zu fassen sein: Ist ein Schiff Gegenstand eines Transport-Versicherungsvertrages, so fällt dem Versicherer der Ersatz nicht zur Last:

1. Für einen Schaden, der dadurch verursacht wird, daß usw.

2. Für einen Schaden, der nur durch die Abnützung des Schiffes in gewöhnlichem Gebrauche oder nur durch Alter usw.

Ganz entsprechend müßten §§ 62, 122 und 135 gefaßt werden.

VIII. Ergebnis.

1. Bisher ist vorausgesetzt worden, daß, wenn nicht das Interesse, so doch der Schaden in einer seiner Bedeutungen, und zwar in seiner juristischen Bedeutung, wesentliches Merkmal des Schadens-Versicherungsvertrages sei. Die juristische Bedeutung des Schadens als Vermögensschaden kommt, so weit ich sehe, einmal im Entwurf in § 1 zum deutlichen, wenn auch in dem dortigen Zusammenhang nicht zutreffenden Ausdruck.

Daß diese Bedeutung des Wortes an vielen, ja den meisten anderen Stellen nicht innegehalten worden, ist dargelegt. Es sind schon Zweifel aufgetaucht, ob die bisher angenommene Voraussetzung zutrifft.

a) Gehen wir einmal von dem rechtlichen Sinn des Schadensbegriffes aus, so kann streng genommen, nach Abschluß des Versicherungsvertrags von einem Schaden nicht mehr gesprochen werden. Das Vermögen erfährt bei Beschädigung von versicherten Sachen, die zu ihm gehören, keine nachteilige Veränderung. Was auf der einen Seite daraus verschwindet, dringt zu gleicher Zeit in Gestalt des Versicherungsanspruches wieder hinein.

b) Wirtschaftlich mag ein Schaden vorliegen, indem aus der Güterwelt Sachen verschwinden oder an Gebrauchsfähigkeit verlieren, oder indem Verpflichtungen entstehen, oder schließlich auch, indem die Erwerbsfähigkeit ganz oder teilweise, dauernd oder vorübergehend eingebüßt wird. Aber gerade diese wirtschaftlich nachteiligen Erscheinungen will der Versicherungsvertrag rechtlich überwinden, indem er für den Fall der nachteiligen Veränderung durch das Recht auf eine ihrem Werte entsprechende Leistung des Versicherers von vornherein einen Ausgleich in der Bilanz des Vermögens schafft. Dem Passivposten des Schadens tritt unmittelbar bei seiner Entstehung als Aktivposten der damit fällige Anspruch auf Leistung des Versicherers in Höhe des Passivpostens gegenüber. Auch für den Unter-Versicherungsvertrag gelten diese Ausführungen entsprechend. Es sollte also statt von Schaden-, von Vermögensversicherungsvertrag gesprochen werden.

c) Sind die Ausführungen unter a und b richtig, dann bleibt

für den Schadensbegriff nur noch das Gebiet des Naturgeschehens und mit Beziehung auf die allein in Betracht kommende Leistungspflicht des Versicherers nur die Bedeutung der Beschädigung der versicherten Sache in dem oben dargelegten Sinne. Der Beschädigung steht gleich das Abhandenkommen als eine völlige dauernde Entziehung des Gebrauches der Sache. Es gibt eine teilweise und eine totale Beschädigung. Rechtlich steht der Tatsache der Beschädigung und des Abhandenkommens der gegen den Versicherer gerichtete Entschädigungsanspruch des Versicherten gegenüber. Damit ist der Schadensbegriff als wesentliches, rechtliches Merkmal des Schadens-Versicherungsvertrags eliminiert. Der Schadens- oder besser Vermögens-Versicherungsvertrag geht auf Entschädigung und begründet die Rechte und Pflichten der vertragschließenden Teile in bezug auf die Entschädigung des Versicherten, im Falle, daß die versicherten Sachen durch ein bestimmtes Ereignis beschädigt oder ihrem Gebrauch dauernd entzogen werden. Die Bedeutung der Beschädigung bezw. des Abhandenkommens besteht rechtlich darin, daß sie die bis dahin aufschiebend bedingte Leistungspflicht des Versicherers und den bis dahin aufschiebend bedingten Entschädigungsanspruch des Versicherten auf des ersteren Leistung wirksam macht.

d) Die vorangestellten Ausführungen finden ihre Rechtfertigung auch in den Bestimmungen des Entwurfes, welche den Ausdruck „Entschädigung“ allein oder in Zusammensetzungen anwenden. Werden sie zugrunde gelegt, so bekommen jene einen eindeutigen und in sich abgeschlossenen Sinn. Es wäre zu wünschen, daß die Fassung der Stellen, welche von der Entschädigung und Leistungspflicht des Versicherers handelt, einheitlich gestaltet würde.

2. Ein Hinweis auf die Notwendigkeit, den Entwurf in seiner Ausdrucksweise an das B.G.B. anzulehnen, vermag die hier vorgetragenen Ausführungen nicht zu widerlegen.

a) Zunächst tatsächlich nicht. Wo das B.G.B. von Schaden spricht, da tritt regelmäßig die Beziehung zu der Ersatzpflicht auch in der Fassung deutlich hervor. Wo diese Beziehung fehlt, da wendet es richtig statt Schaden die Worte „Beschädigung“ und „beschädigen“ an (z. B. §§ 228 und 229ff.). Ist dennoch zuweilen in einem vagen Sinne von Entstehung des Schadens die Rede (z. B. § 254), so rechtfertigen sich die gemachten Aussetzungen gerade im Hinblick auf Literatur und Rechtsprechung zu diesen Stellen.

b) Aber auch prinzipiell würden Undeutlichkeiten und Unbestimmtheiten in der Ausdrucksweise und der Begründung des Entwurfes durch den Hinweis auf die entsprechende Terminologie im B.G.B. nicht gerechtfertigt werden können.

Wenn in den Spezialbestimmungen des Entwurfes über allgemeine Begriffe mit derogierender Kraft entschieden werden müßte, sollte man die Gelegenheit nicht vorübergehen lassen, die entsprechenden Begriffe des B.G.B.s auf diese Weise ins Klare zu stellen. Der Entwurf steht aber vor Spezialaufgaben und hat Spezialbestimmungen zu erlassen. Diese würden den allgemeinen Vorschriften des B.G.B.s nicht derogieren. Die Derogation muß also nicht eintreten, sie kann vermieden werden, event. könnte ja eine ausdrückliche Vorschrift bestimmen, daß die rechtlichen Regelungen des B.G.B.s durch das Gesetz über den Versicherungsvertrag nicht berührt werden.

c) Diese Bemerkungen gelten entsprechend auch für die anderen Teile unserer Ausführungen, also auch für den Gefahr- und den Versicherungsbegriff.

3. Auf einem anderen Wege läßt sich begründen, daß als rechtlicher Gegenstand des sog. Schadens- oder Vermögens-Versicherungsvertrages auch nicht der Vermögensschaden oder das Interesse, sondern ein Drittes anzusehen ist. Man nehme an, daß heute ein Versicherungsbetrieb Versicherungsverträge abschlösse, nach welchen der Versicherer, analog wie beim sog. Schadens-Versicherungsvertrage, gegen regelmäßige Zahlungen eine fest bestimmte Geldsumme für den Fall verspricht, daß eine Sache im Laufe der Zeit — sagen wir 20 oder 30 Jahre — abgenützt, d. h. für die menschliche Wirtschaft unbrauchbar oder in der Gebrauchsfähigkeit doch wesentlich gemindert wird. Diese Abnützung wird gesetzlich oder vertraglich nach Ablauf des Zeitraumes fingiert. Der Annahme eines solchen Vertrages steht theoretisch — vielleicht auch praktisch — nichts im Wege. Es wird nicht bezweifelt werden können, daß es sich hier um einen Versicherungsvertrag handelt, und daß dieser ein sog. Schadens-Versicherungsvertrag sein würde.

Er würde folgende bemerkenswerten Besonderheiten zeigen: Die Hauptverpflichtung des Versicherers ist ihrem Umfange nach bei ihrem Eintritt fest bestimmt, die Fälligkeit gewiß. Trotz der Annäherung an den Lebens-Versicherungsvertrag findet der Umfang seiner Leistungspflicht in dem Werte der Sache seine Grenze; schließlich nicht der Schaden ist Gegenstand des Vertrages, sondern das Forderungsrecht auf die Geldsumme, welches ein rechtliches Surrogat für die vertraglich unterstellte wirtschaftlich nachteilige Vermögensveränderung ist. Letztere ist Motiv des Vertragsschlusses und findet ihre rechtliche Gestaltung in der Bestellung eines in bestimmter Weise befristeten und bedingten Forderungsrechtes auf eine Geldsumme.

Paragraphenregister.

Gesetzentwurf.

Druckfehlerverzeichnis.

Zu lesen:

Seite 23 Zeile 18 von oben statt „gibt“: gilt.

„ 27 „ 3 unter 2a statt „Art. 41“: Art. 4 Abs. 1 Ziff. 1 des Einführungsgesetzentwurfs.

„ 28 „ 7 von unten statt „Konsenualvertrag“: Konsensualvertrag.

„ 36 „ 5 von oben statt „schließlibh“: schließlich.

„ 61 „ 7 und 8 von unten statt „andern bei dem Schadens-Versicherungsvertrag ist“: andern, bei dem Schadens-Versicherungsvertrage, ist usw.

„ 75 „ 6 und 7 von oben statt „Willenslichkeit“: Willentlichkeit.

„ 77 „ 1 vor Abs. Ziff. 5 statt „wert sei“: wert sein.

Lippert & Co. (G. Pätz'sche Buchdr.), Naumburg a. S.

FSC
www.fsc.org
MIX
Papier | Fördert
gute Waldnutzung
FSC® C083411

Kolibri 360 GmbH
Ferdinand-Jühlke-Straße 7
99095 Erfurt, Deutschland
produktsicherheit@kolibri360.de